カラー版

やすらぐ家、
幸せな住まいを実現!

よくわかる!
家相と間取り

監修　佐藤秀海

X-Knowledge

巻頭特集

家相を取り入れた成功実例集

「家相を取り入れた家」というと、特殊なタイプの建築ではないのかと想像する人もいるかもしれません。しかし、実際は家相の考え方を取り入れながら住みやすく幸せな家を築く人がほとんど。実際の「お宅訪問」で幸せへの方程式も見えてきました！

CONTENTS

CASE 1
T邸（埼玉県）

譲れない条件が15項目も！ それでも理想の家を実現できた

■ DATA
設計　佐藤秀海
施工　ミサワホーム
構造　木造2階建て
床面積　1階　55.48㎡
　　　　2階　52.99㎡
家族の干支
夫　うさぎ（乙卯　七赤）
妻　とら（甲寅　八白）
娘　いぬ（丙戌　三碧）

理想の家づくりに家相を取り入れたTさん一家。完成までに3年を要したが、ご夫婦とも今の家に大満足している

今の家の土地に出会うのに50～60件の候補にダメ出し

Tさんが家を購入しようと思ったのは、2010年。社宅暮らしでしたが、娘さんの小学校入学までに家を購入しようと早めに動き出しました。「小さい頃から祖母に『こういう土地はよくない』『こういう家はよくない』という話を聞いていました。その影響で、家を買うとなったら自然と家相の本を読むように。そのため譲れない条件が15項目もできてしまいました」と奥さま。住宅展示場をまわって、施工会社をミサワホームに決定。土地探しを依頼しましたが、15の条件をクリアした土地に出会うまで50～60件も候補があったといいます。「土地が決まったところで、佐藤秀海さんに思い切って設計依頼をしました」。幸せの家への一歩を踏み出せたのです。

CASE 1　T邸の間取りポイント

1階

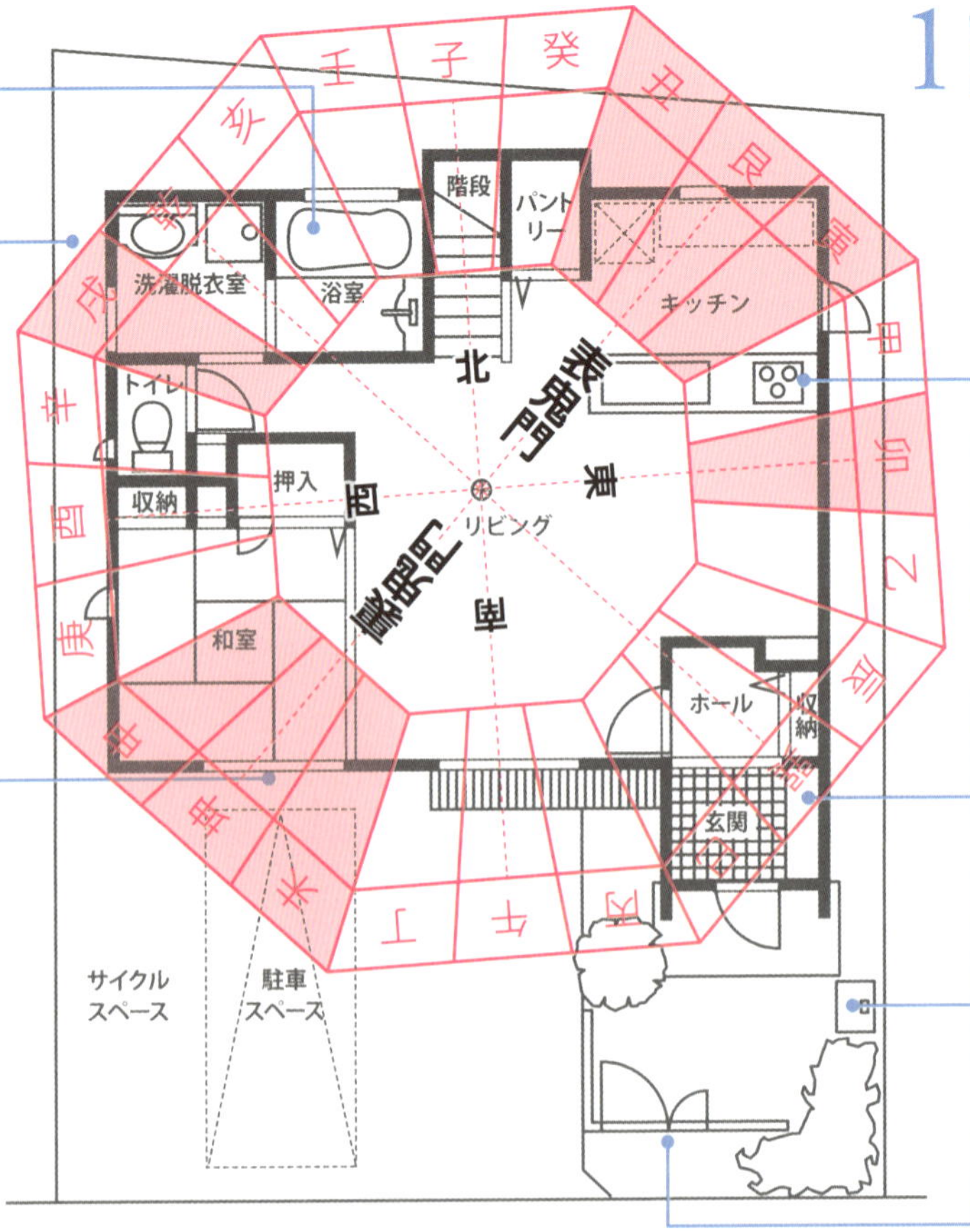

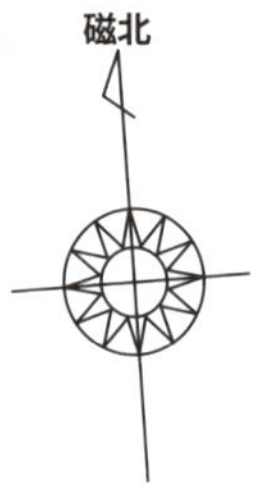

浴槽・トイレも鬼門、乾と十二支方位をはずす

汚水は必ず家の中を通さず外を通す

裏鬼門なのでこの位置に玄関は作れない

火の位置を表鬼門と十二支方位からはずす

玄関は「張り」を設けて運気を呼ぶ

汚水（キッチン）は必ず家の玄関と門扉の間を横切らせない

駐車場から車を降りたらこの門を必ず通る

2階

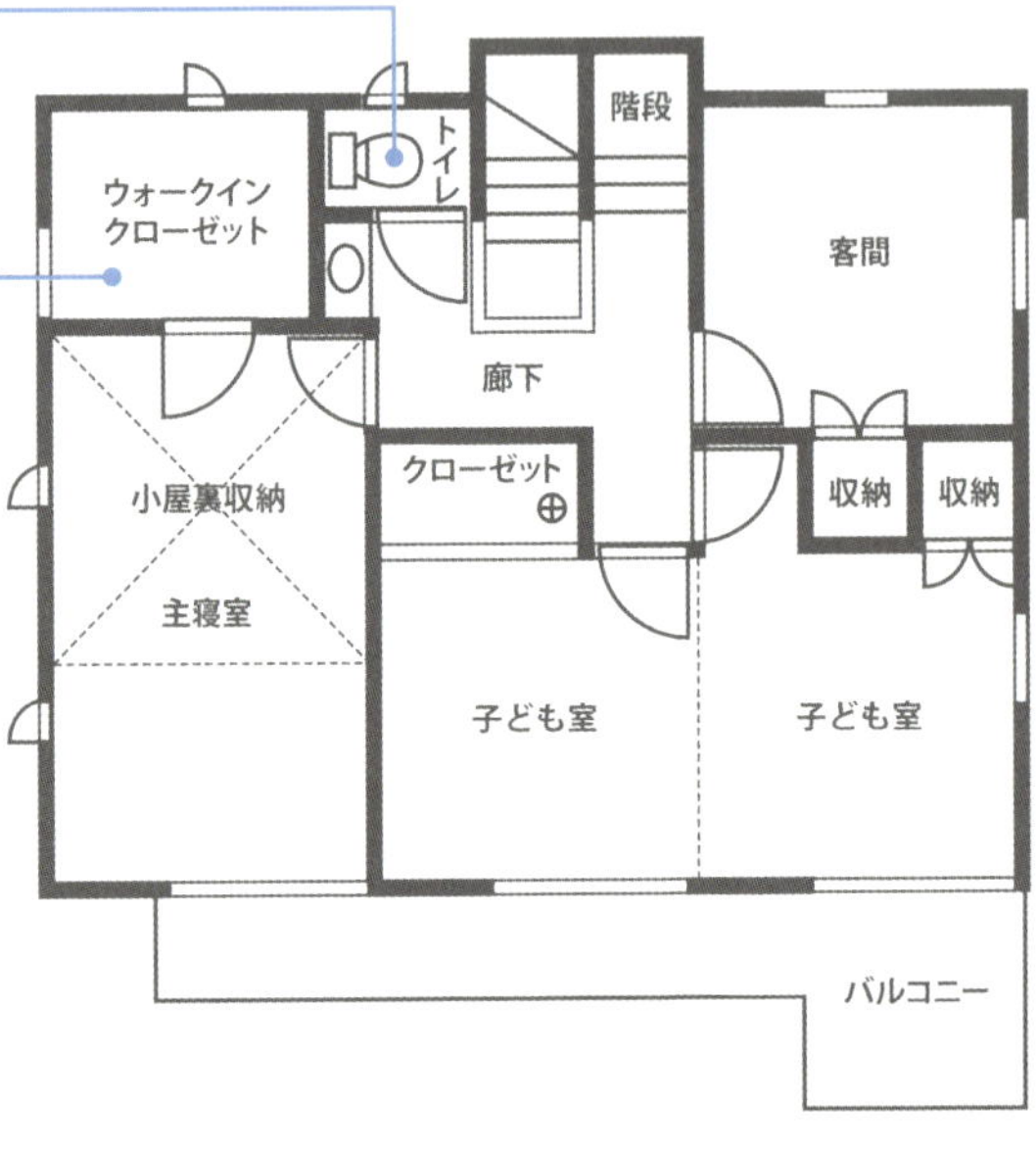

2階のトイレは1階浴槽の上部に置き無難に

家族の十二支方位がかかるクローゼットは子窓をつけて、風通しよく

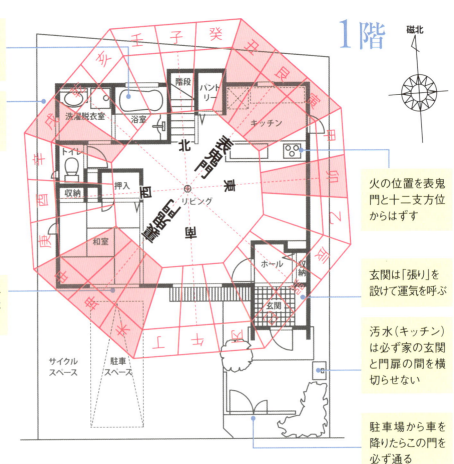

ダイニング・キッチン

キッチンは奥さまが対面式を希望。北東の表鬼門とご主人の卯方位から火気をはずして設計した。左端に見える扉が奥さまの希望だったパントリー。ダイニングは旦那さまの希望でベンチ式のセットに。

オール電化なので火気はIHヒーター。ガスレンジよりも家相的には無難

和室

リビングに続く和室。南西の裏鬼門の位置だが、火気も水回りもなく、特に気にする必要はない。琉球畳を取り入れ、モダンな仕様に。家具を置かず、「ほっとしたい時にくつろげる空間」として家族で利用。

家相が理由で、自分たちの希望を諦めることはなかった

最初は自分たちの希望をすべてかなえて家相もできるのか不安だったTさん夫婦。思い切って希望をすべてぶつけたところ、佐藤さんからあがった設計図は、きれいに希望が反映されていて大感動したそうです。

佐藤さんからのアドバイスは、南向きの家だとつい南西に玄関を作りたくなるけれど、裏鬼門なので避けるということ、ご主人が卯年、娘さんが戌年なので、その方位には、火気や水回りを置かないこと、ということでした。

まず玄関を東南に置き、運気のあがる「張り」をつけました。1階には、LDK、それに続く和室、風呂、トイレを配置。特に対面式のキッチンの火の位置を北東の表鬼門と十二方位からはずしています。また、IHヒーターなのでさらに無難になっています。2階は2部屋分の子ども室、書斎、夫婦の寝室を配置。2階にあがる階段も「張り」の形となっており、2つの「張り」をもった勢いのある家となっています。「プラン上、家相が理由で諦めたことは、ひとつもなかったです」と、120%満足のご夫婦です。

子ども室

2間続きになっており、いずれ下の子が生まれたら、部屋を2つに分ける構想。南面に大きく窓を作り、太陽をいっぱいに浴びられる明るい部屋。机は東向きにして、明朗に育つようにというご両親の願いも。

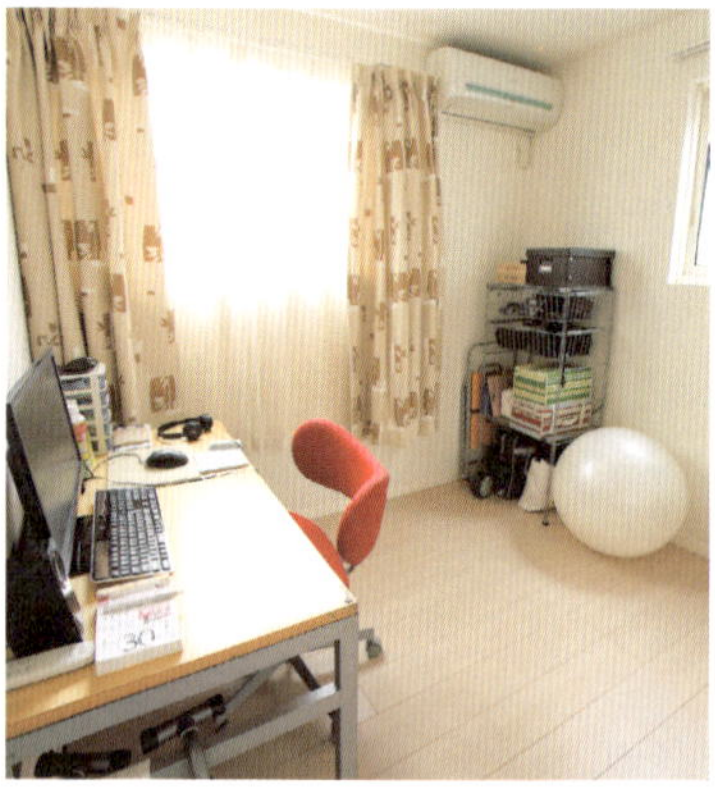

書斎(客間)

2Fの客間は、現在はご主人の書斎として利用されている。ご主人が卯年で、この部屋の位置はちょうど卯の位置で吉相。仕事の運気も上がるのでは、とご主人も密かに期待している。

リビング

東南の一番陽の入る位置に配置。当初、和室との間はトビラのみでつなげて使えるようにする構想もあった。が、テレビの位置に悩み、結局、和室との間に壁を作ることに。床色に合わせてシックな色遣いに。

テレビ上の収納の上には、清祓祭でいただいたお札をきちんと奉納。ほかのものは置かず、恭しく取り扱っている。

CASE 2
I邸(群馬県)

地元に信用される医院を目指して「商売繁盛」の家を

広い土地を利用して、鬼門の位置になってしまう車庫を門扉の外につくることに。母屋から3m離す念の入れよう

移動方位の年回りが悪かったため、節分明けに引っ越し

Iさんご夫婦はお2人で歯科医院を営むいわば自営業。家を購入するにあたって「地元に根付く信用ある歯科医院を目指したい」と家相を取り入れた家を希望しました。土地選びから佐藤さんと一緒に回る徹底ぶりで、「せっかく探した候補地の2件を佐藤さんが却下。3件目でやっといい土地に出会えました」とIさん。家への要望は、平屋と車2台分の車庫でしたが、佐藤さんからは車庫と母屋をフェンスで仕切って、母屋からも3m離すこと、というものでした。南側の和室に吉相の「張り」をつけて商売繁盛につながる工夫もしました。

移動方位が北西で、平成24年は暗剣殺だったので、25年の節分明けに引き渡すスケジュールにして、凶相を避ける念の入れよう。無事、新居に引っ越しました。

おシャレな歯科医ご夫婦。平屋にこだわったのも、広い土地ゆえの贅沢。働く奥さまの家事動線もこの家の特徴のひとつ

CASE 2　I邸の間取りポイント

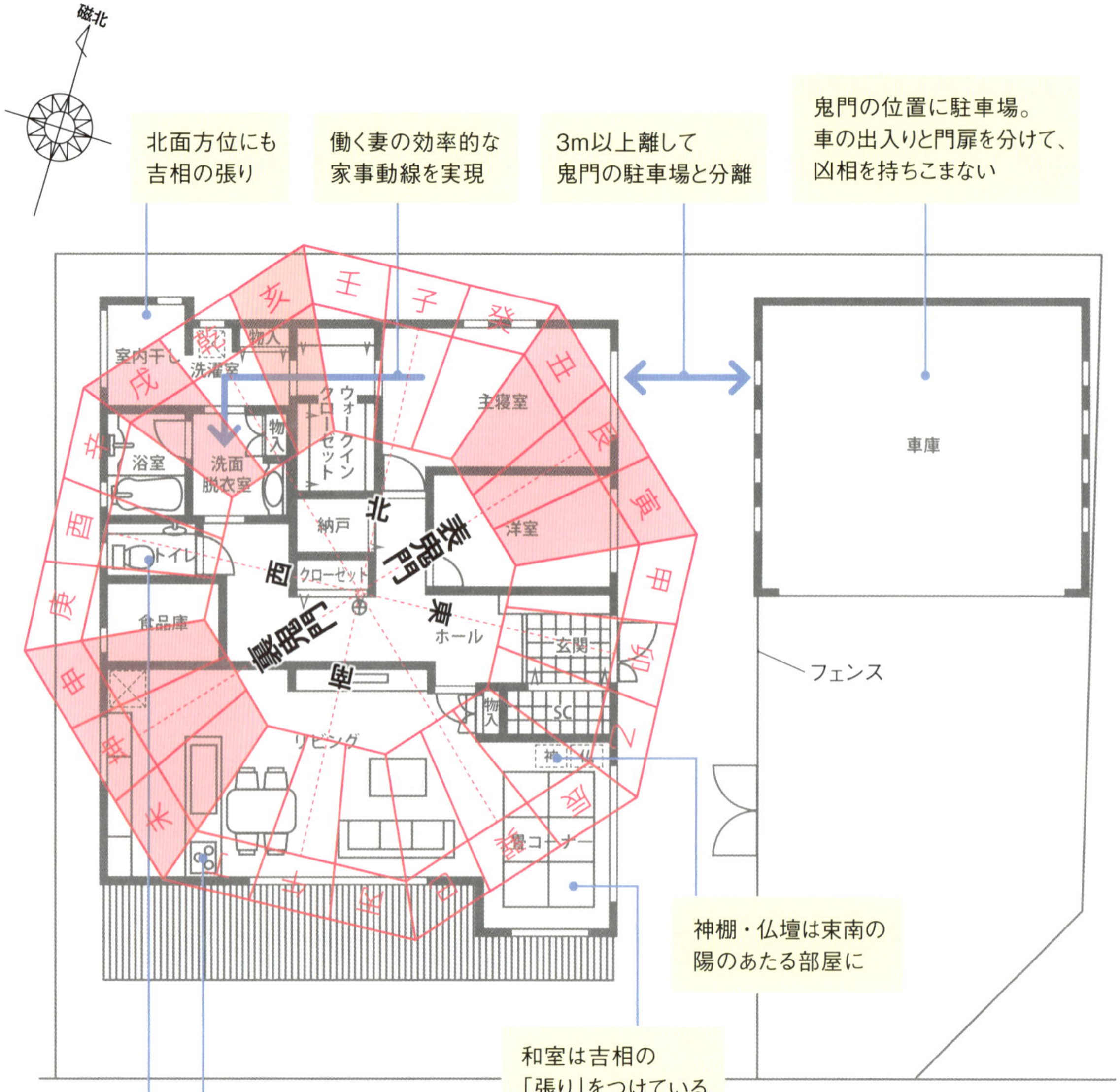
「張り」をつけている

台所の火気は裏鬼門を
避けて設置

トイレは玄関から
見えないように配置

DATA

設計　佐藤秀海
施工　積水ハウス
構造　木造1階建て
住宅床面積　130.40㎡
車庫床面積　42.00㎡

家族の干支
夫　いぬ（庚戌　三碧）
妻　いのしし（辛亥　二黒）

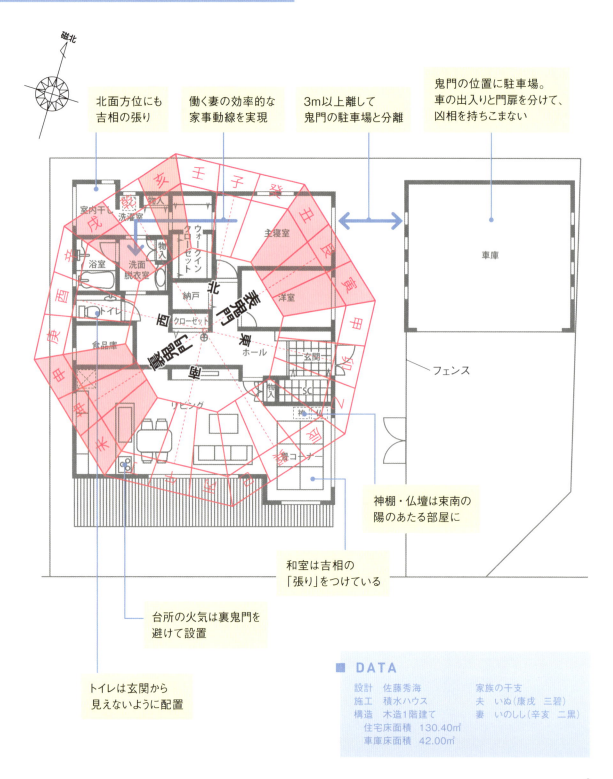

リビング

忙しいご夫婦のくつろぎの部屋になるよう、南面に窓を大きくとった作りに。20畳のリビングと畳コーナー7.2畳がつながる贅沢な空間。採光と通風にもっとも気を遣っている。

キッチン

キッチン部分が南西の裏鬼門にあたるので、対面式にすることで、火の位置をうまく鬼門からはずした。また、キッチンにも、縦長の窓を設置して、陽の光をふんだんに取り入れている。

神棚＆仏壇

和室に神棚と仏壇を設置。南側の陽の当たる部屋で南に面して置いてある。神棚は仏壇よりも高い位置に置くのがポイント。

和室の「張り」

神棚と仏壇も設置してある和室（写真では手前の窓）は吉相の「張り」をつけている。これで、家に勢いができ、商売繁盛につながる間取りとなっている。窓のスペースも十分に確保。

玄関

東方位に玄関を設置。本来、玄関の土間自体が「欠け」なので、玄関を広く取らず、ホールを広めにすることで気持ちのよい空間を演出している（写真は玄関からホールを見たところ）。

CASE 3
S邸(千葉県)

天然木と壁の素材にこだわったら家族みんなが笑顔に!

■ DATA
設計・施工　成島組
構造　木造2階建て
　1階床面積　74.52㎡
　2階床面積　51.34㎡
家族の干支
夫　ねずみ(壬子　一白)
妻　ひつじ(丁未　三碧)
長女　ひつじ(癸未　六白)
長男　とり(乙酉　四緑)

悪いものは排除したいと家相の家を設計

自分の家を購入して、お子さんのアトピーとぜんそくを治したいと一念発起したSさん。コンクリートの集合住宅に住んでいたのでは解決しないと、2009年に購入を決意。その願いをかなえるために取り入れたのが家相でした。悪いものはとにかく排除したかったといいます。また、無垢の木を生かすコンセプトで設計。壁も珪藻土という健康素材を使い、ご主人自らが壁塗りをするという徹底ぶりで、家族の笑顔を取り戻す家が実現しました。

珪藻土の壁

ご主人自らが壁塗りをした記念に、珪藻土を使って、家族の手形をかたどった作品。引っ越しの日が刻んであり、この家でスタートを切った日を家族みんなで忘れずにいられる思い出の品となっている。

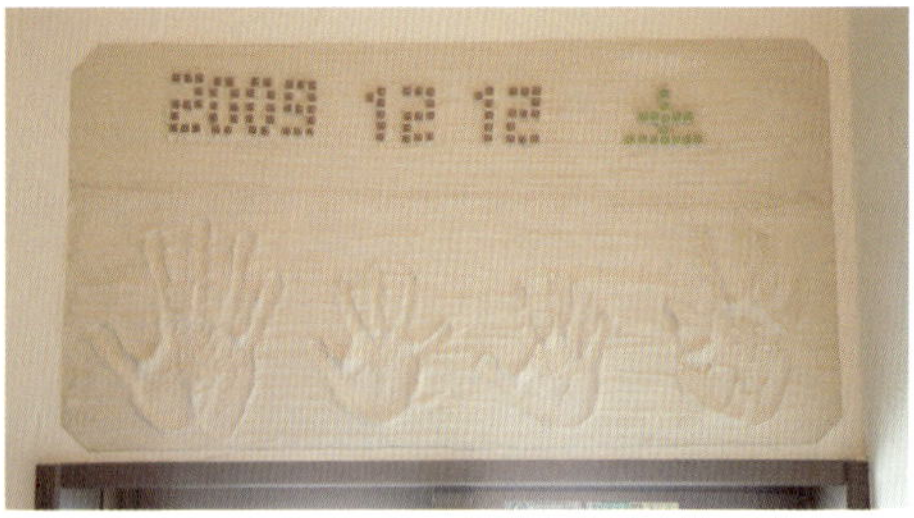

駐車場と門扉

玄関の位置が北西にあり、駐車場はちょうど西の方位となる。駐車場と門扉はしっかり分けて、門扉を通って玄関から家に入る設計となっている。

ダイニング

子どものシックハウスを意識し、無垢の木にこだわった南側のダイニング。ダークなトーンでそろえ、デザイン性の高い家を目指した。

天井高は2.8mと家相的にも吉相な高さ。通風にも採光にもよく、明るく気持ちの良い空間づくりに欠かせない。

子ども室

アトピーとぜんそくのある子どもの部屋は、東と南に窓をつくり、明るい太陽の光が存分に入るようにしている。

玄関

リビングなど家族スペースを南側に置き、玄関は北西に配置している。うす暗くならないよう、トビラは光の入るタイプにして、採光をとる工夫を。

和室

南西の鬼門にあたる方位には客間を兼ねた和室が。この部屋も珪藻土の壁になっており、ご主人の手塗り。自然素材の利用はもちろん家相的にもオススメ。欄間には掘り物を施しているが、それもご主人の手作り。

CASE 4
A邸(東京都)

地相をチェックし、建物の配置をすべて吉相に設計

DATA

設計　佐藤秀海
施工　成島組
構造　木造2階建て
1階床面積　66.04㎡
2階床面積　43.48㎡

家族の干支
母　さる(丙申　八白)
次女　とら(丙寅　五黄)

和室

1階南面はダイニングキッチン、和室、板間と3部屋が続く。南に面しているが、窓が一方なので、日ごろは明け放して採光と通風を確保する。奥の板間は、現在2階に寝ているAさんの寝室になる予定。

将来、子どもと住むために実家を建て替え

もともと建っていた平屋を壊し、いずれ独立した次女と暮らす家を新築したAさん。現在は一人暮らしですが、次女が一緒に暮らすことになり、新築を決心しました。二世代で幸せに暮らせるよう、家相を取り入れることにしました。

平屋が建っていた時点で佐藤さんに地相をチェックしてもらい、建物の配置から玄関アプローチまですべて吉相に設計しました。

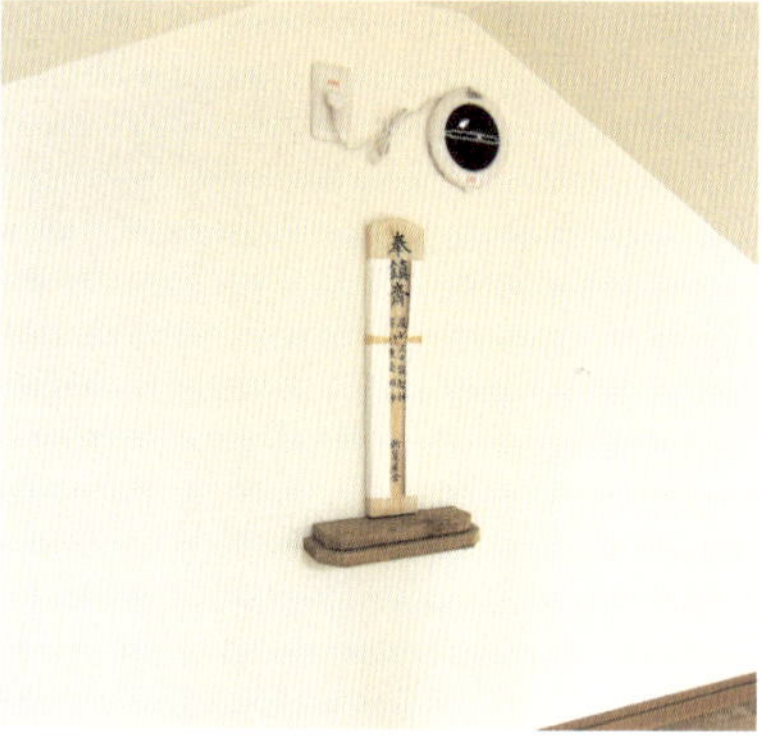

お札

屋根裏収納には、上棟祭の際に神主さんからいただいたお札を設置。専用の棚を大工さんにつけてもらい、お祀りしている。

屋根裏収納

屋根裏収納に上がるための収納式階段。中央に位置するとか、方位などは気にしなくてよい。

ダイニング・キッチン

玄関を入るとすぐにドアを隔てて隣りがダイニング・キッチン。南東の方位を活かし、明るい採光が特徴。

CASE 5
T邸（東京都）

壁の色は娘さんの希望で 職人さんも巻き込み「吉相の家」を

建売住宅をあきらめて 吉相の家を建築

家を購入する際には、家相を取り入れて家族の幸せを願いたいと考えていたTさん。しかし、実際土地探しを始めると意外と苦戦しました。一度は諦めて建売住宅を契約しましたが、佐藤さんにとめられて思い切って解約。佐藤さんと一緒にもう一度土地探しに取り組みました。そして、半年かけて吉相の土地と出会い、念願の幸せの家を手に入れたのです。

ダイニングキッチン

奥さまの希望で対面式キッチンを導入。北東の表鬼門もうまくはずすことができた。ちょっとした個人の食事は、キッチンに向かって置かれた椅子で。ダイニングは6人がけで照明なども凝った作りに

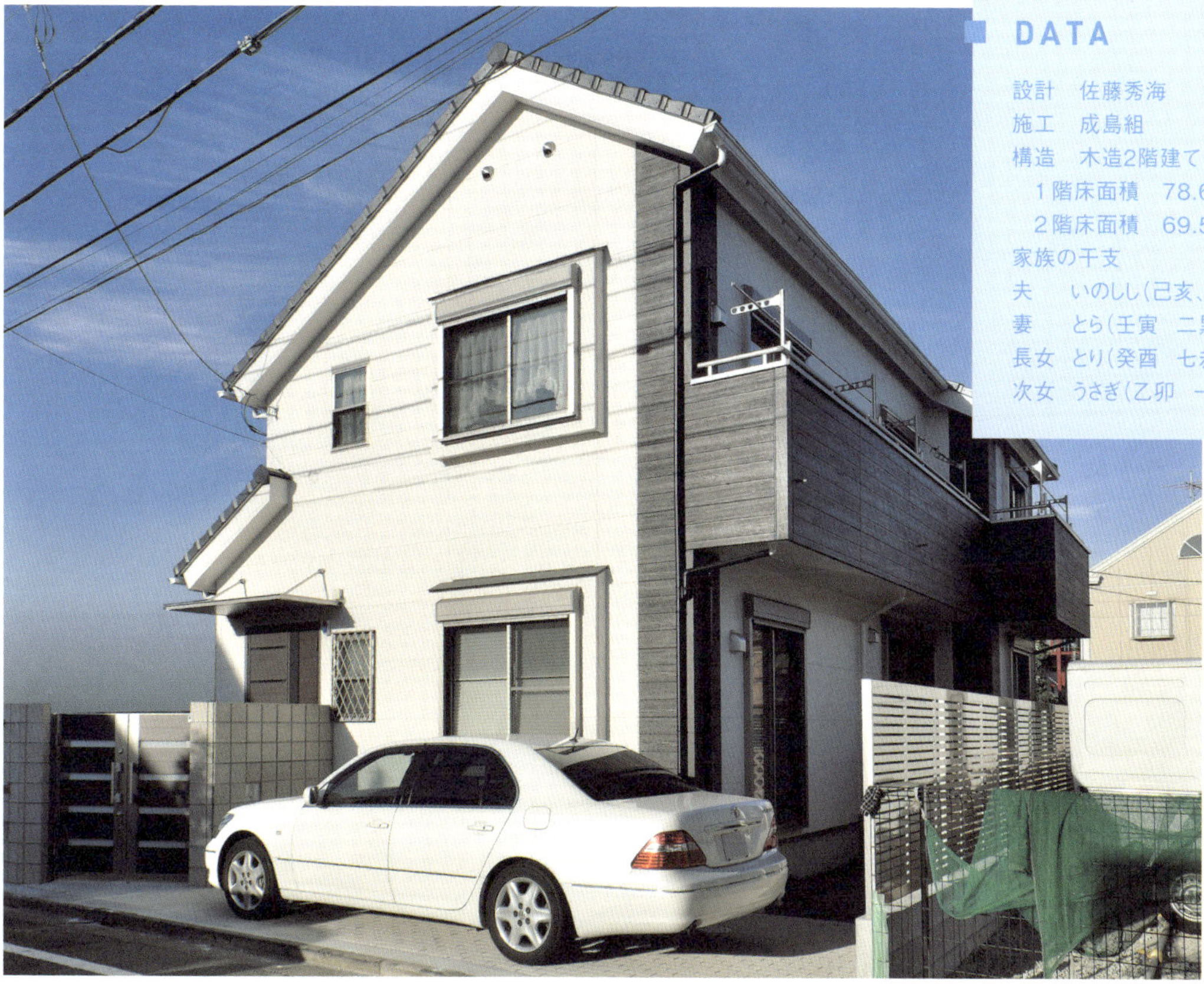

DATA

設計　佐藤秀海
施工　成島組
構造　木造2階建て
　1階床面積　78.66㎡
　2階床面積　69.56㎡
家族の干支
夫　いのしし（己亥、五黄）
妻　とら（壬寅　二黒）
長女　とり（癸酉　七赤）
次女　うさぎ（乙卯　一白）

リビング

ダイニングには「張り」をつけダイニングテーブルをゆったりと配置。リビンクはその分、横長に使って、ソファーセットでくつろぐ作りに。

ファミリースペース

2階は子ども部屋、寝室が横に並び、北側が廊下に。そこに、ご主人がちょっとした机と座るスペースを設けて、奥さまの仕事スペースに。廊下にも窓をふんだんに使い、明るく。

子ども室

家族が全員参加しての家づくりがご主人の一番の希望。子ども部屋の壁の色もお嬢さんの希望の色を。この部屋は下のお嬢さんの部屋でブルーに。上のお嬢さんはピンク。色の調整も現場で行い、イメージ通りの仕上がりに。

CASE 6
M邸（千葉県）

家相に出会って当初の計画を白紙に。満足のいく家づくりを達成

回りを説得し、自分たちも悩みながら家相を取り入れ

親の土地に家を建てることになり、施工会社まで決まっていたMさん夫婦。「私が家相を取り入れたい希望を押さえられず、佐藤さんの事務所にお願いしたいと言い出しました」と奥さま。家相の知識がゼロだった2人が回りを説得し、どんな家を作りたいか試行錯誤しながら、最後は納得のいく家づくりを達成しました。その物語は69Pからご紹介しています。

家相へのこだわり

道路面が南西の裏鬼門にあたる家相的にはむずかしい土地。玄関や勝手口へのアプローチを工夫することでクリア。外側のデザインより基礎や素材にこだわり、家相の考え方を実践

DATA

設計　佐藤秀海
施工　成島組
構造　木造2階建て
　1階床面積　63.76㎡
　2階床面積　53.83㎡
家族の干支
夫　うさぎ（乙卯　七赤）
妻　うし（癸丑、九紫）

Mさんの家づくりはP69へ

contents

カラー版

やすらぐ家、幸せな住まいを実現！

よくわかる！ 家相と間取り

第2章

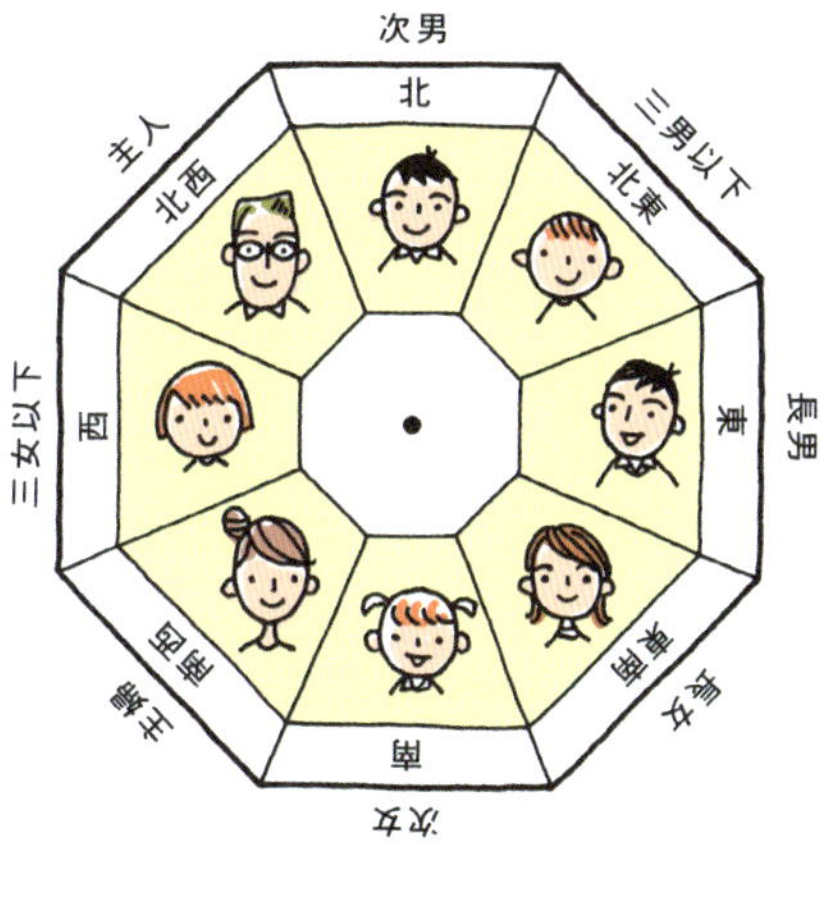
次男
北
三男以下
北東
長男
東
長女
南東
次女
南
主婦
南西
三女以下
西
主人
北西

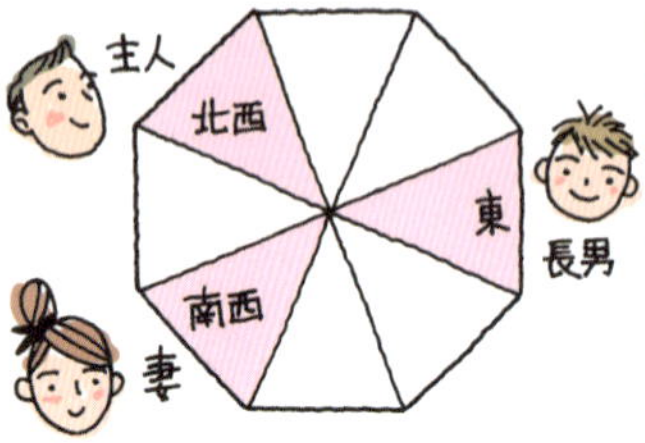

主人
北西
東
長男
南西
妻

第5章

部屋別でわかる「吉相と凶相」……81

第6章

悩み別「幸せな間取り」Before→After

デザイン 横井登紀子、金谷理恵子、井寄友香／イラスト 押切令子（中面）、macco（表紙）
編集・文 酒井富士子、大村美穂、井ノ上薫、森脇徹一郎、大胡高輝（（株）回遊舎）、
安田一美、鈴木弥生、金野和子
編集 別府美絹（（株）エクスナレッジ）／撮影 松本幸子、松本朋之／取材協力 成島組

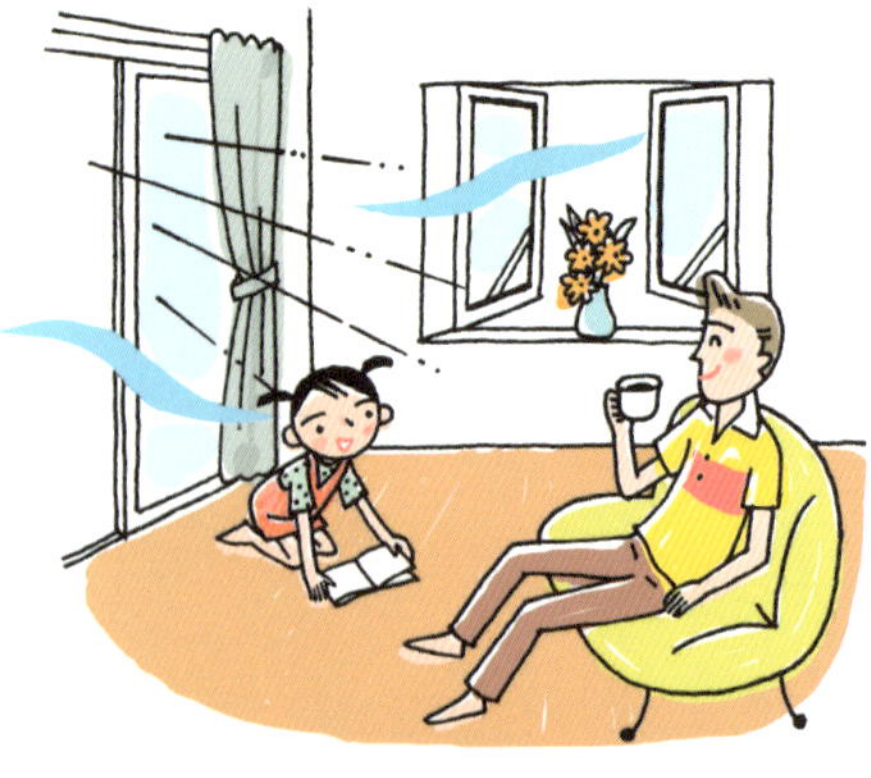

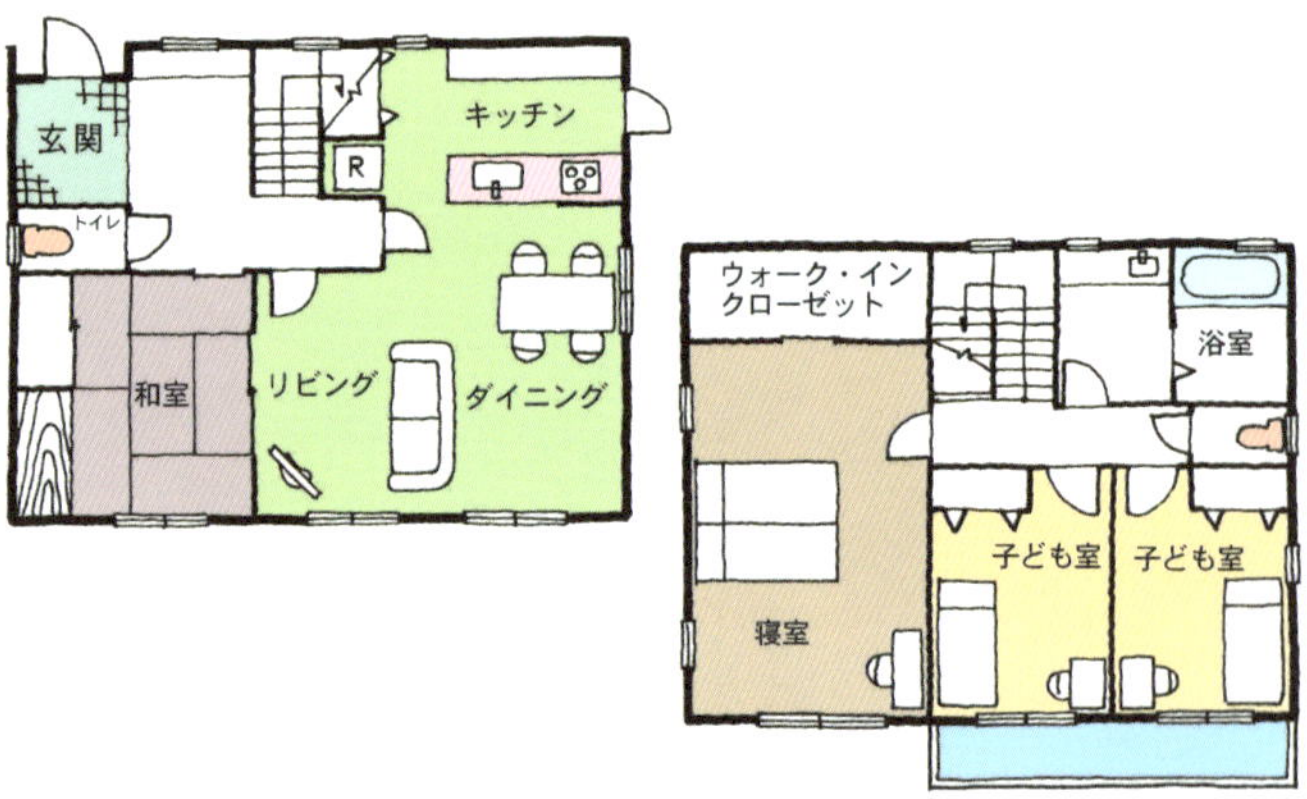

第1章

幸せに暮らすために家相が必要な理由とは？

家相は2000年以上前に伝来している古い考え方。方位や不浄物に気をつけながら、
自然のパワーを取り入れて家を建てるのが家相の基本です。
幸せに暮らすために、抑えておくべき家相のルールを知りましょう。

CONTENTS

第1章

幸せに暮らすために家相が必要な理由とは？

家を建てるなら、家族が幸せに暮らせる家にしたいもの。ここでは、家相が人や家族に与える影響について学んでいきましょう。

家相の吉凶は人生も左右する！

家相の起源は約3～4千年前

家相のルーツは古く、約3千年から4千年前の中国とされています。もともと家相とは、方位で吉相・凶相を見る方位学が基本となった学問。これに中国に古くから伝わる陰陽道や五行説、易学などが影響し、家相学が形作られてきました。日本に家相の考え方が入ってきた江戸時代から、日本の家づくりにも家相が取り入れられたと考えられます。

家相建築の基本は、人が健康的に暮らせる家づくりです。家は人が人生の多くの時間を過ごす場所であり、人が育つ環境の中で、大きな位置を占めます。人と家はお互いに影響し合い、どんな家に住むかでその人の人生も変わるというのが、家相の考え方の基本です。

家の張り欠けや鬼門方位の扱いに注意

家相では家の張り・欠けや火気・水回り、玄関の配置などを家の吉相・凶相の判断の重要な要素としています。たとえば家の中心に欠けをつくり、トイレや浴室といった水回りを配置すると、家族の中でも中心的な人物に悪影響が出ることが多くなるとされています。

このほか、負の気が貯まりやすいと考えられている北東45度、南西45度の鬼門方位に、不浄物と言われる火気や、水回り、玄関などを配置すると、健康上の問題が生じるといわれています。鬼門に不浄物を置くことは、負の場所に負の物を置くことであり、住む人に悪い影響を与えるとされているのです。

家相が良い家とは自然の摂理に反しない家

家相が良い家とは、一言でいうと、自然の摂理に従い、家族が快適に暮らせる家です。このため、家相が良い家では、家族が健康に、争いごとなく暮らすことができるのです。

これに対し、家相が悪い家では、家族が健康を害したり、争い事が起きたりと、暮らしに悪い影響を与えてしまうこともあり

◆家相の良い家は、家族が健康で争いごとなく暮らすことができる

◆家相が悪いと、家族が健康を害してしまう可能性も…

ます。家相では、目に見えないものに対する恐れや、人間が自然の中で活かされているという考え方が根底にあります。自然の摂理に逆らわず、良いエネルギーをもらえるように家を建てれば、人間も家から良い影響を受けることができると考えられています。

家相は江戸時代、住まい作りの基本だった

日本での家相の歴史は古く、江戸時代後期にはすでに「家相図解」や「家相図説大全」（松浦東鶏著）といった家相の専門書が書かれていました。家相はこの時代から、家づくりに役立てられていたと考えられます。

家相のベースにある「陰陽五行説」を理解する

すべての家相の基本 陰陽五行説

家相の根底には、中国で春秋戦国時代頃に生まれたとされる「陰陽五行説」という考え方があります。まず陰陽というのは、すべての運命学や方位学の基礎にもなっているもの。世の中のすべては陰と陽の2つに分けることができ、この陰と陽、つまりマイナスとプラスが交じり合って、1つの宇宙を構成しているという考え方です。たとえば昼と夜、男と女、太陽と月、火と水のように、地球上に存在する万物は2つの相反するものがセットになって成り立っているとされています。

また、「陰陽五行説」の五行というのは、陰と陽を、さらに、自然を構成する「木」、「火」、「土」、「金」、「水」の5つの要素に振り分けたものです。これらは陰陽と同じく人間の運勢を決める運命学の基本となっており、「火」は才能や出世、美容運をつかさどり、「土」は家族運や仕事運をつかさどるなど、人間の運勢にも影響を与えるものとされています。

五行は人間の 性質や相性を表す

またこの5つの要素は、左ページ下のイラストのように、お互いに影響を与え合っていると考えられています。まず隣り合っている要素は、お互いを助け合う（相生）関係にあります。水は木に助けられて、土を助ける。土は火に助けられて、金属（金）を助ける。金属は土に助けられて水を助ける。水は、金属に助けられて、木を助ける。木は、水に助けられて火を助ける…といった具合に、お互いになくてはならない関係にあるのです。

一方で、1つ離れたグループとは、良さを殺し合う（相剋）関係にあります。たとえば木は土の養分を奪ってしまいますし、火は金属を溶かしてしまいます。また土は水分を吸収し、金属は木を切り倒してしまう、水は火を消してしまうといったように、お互いを滅ぼし合う関係にあるのです。

このように、五行はお互いを助け合う要素と滅ぼし合う要素がぐるぐる回ることで成り立っており、これが人と人との相性などを判断するときにも基本となっています。

この「陰陽五行説」は、ある意味自然の成り立ちから考えられた自然の理ともいえます。家相はこの理を人間の住まいに当てはめ、住み心地の良い家づくりを目指した学問といえるのです。

「陰陽五行説」、
ひいては自然の
理が家相の下には
流れています

五行が影響を与える運気

「陰陽五行説」の五行の５つの要素は、
人間のさまざまな運気にも影響を与えている

木
・恋愛運
・結婚運
・対人運

土
・家庭運
・仕事運

火
・才能運
・出世運
・美容運

金
・金運運
・出会い運

水
・健康運
・セックス運
・子宝運

相生・相剋の関係

相生　隣り同士はお互いに助け合い相手を生かす「相生」の関係となる。木は燃えて火になり、火は燃えて灰（土）になり、土を掘ると金（金属）が取れ、金属が冷えると表面に水が現れ、水があれば木が育つ。隣り合うグループ同士は相性も良い。

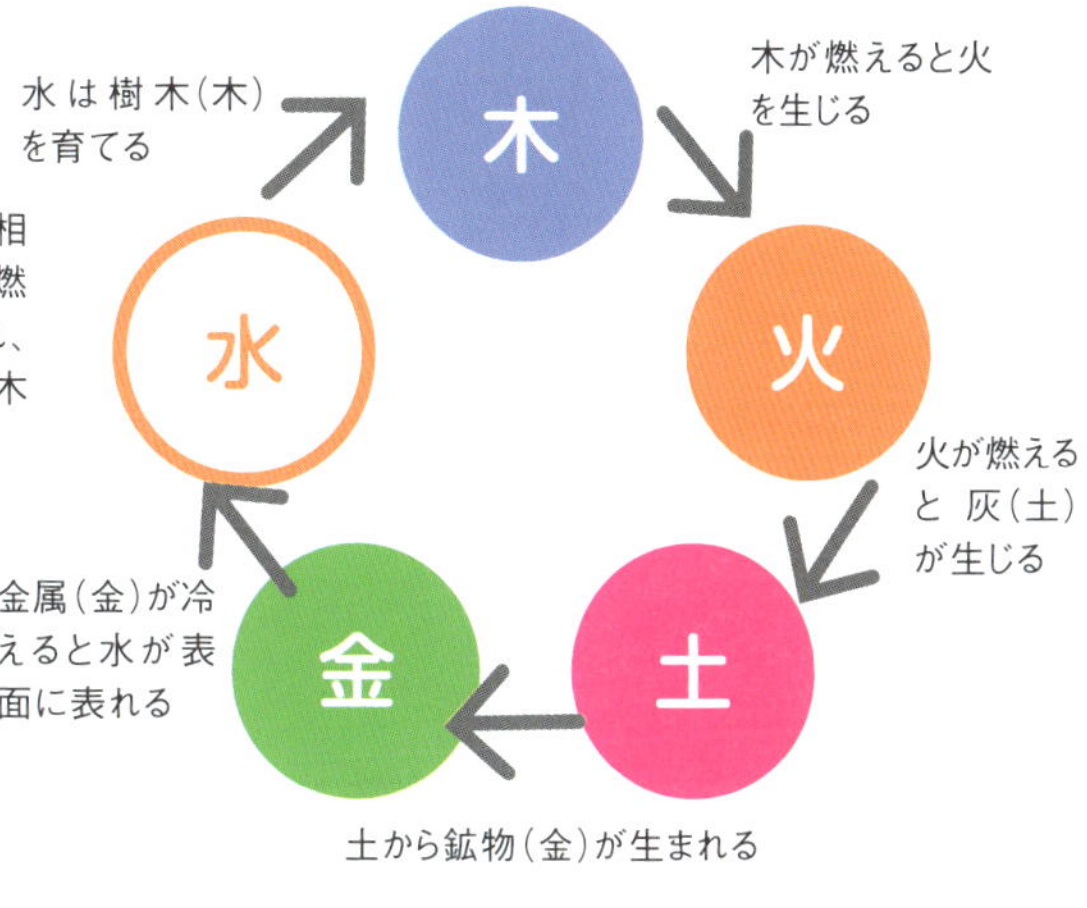
木
火
土
金
水
木が燃えると火を生じる
火が燃えると 灰（土）が生じる
土から鉱物（金）が生まれる
金属（金）が冷えると水が表面に表れる
水は樹木（木）を育てる

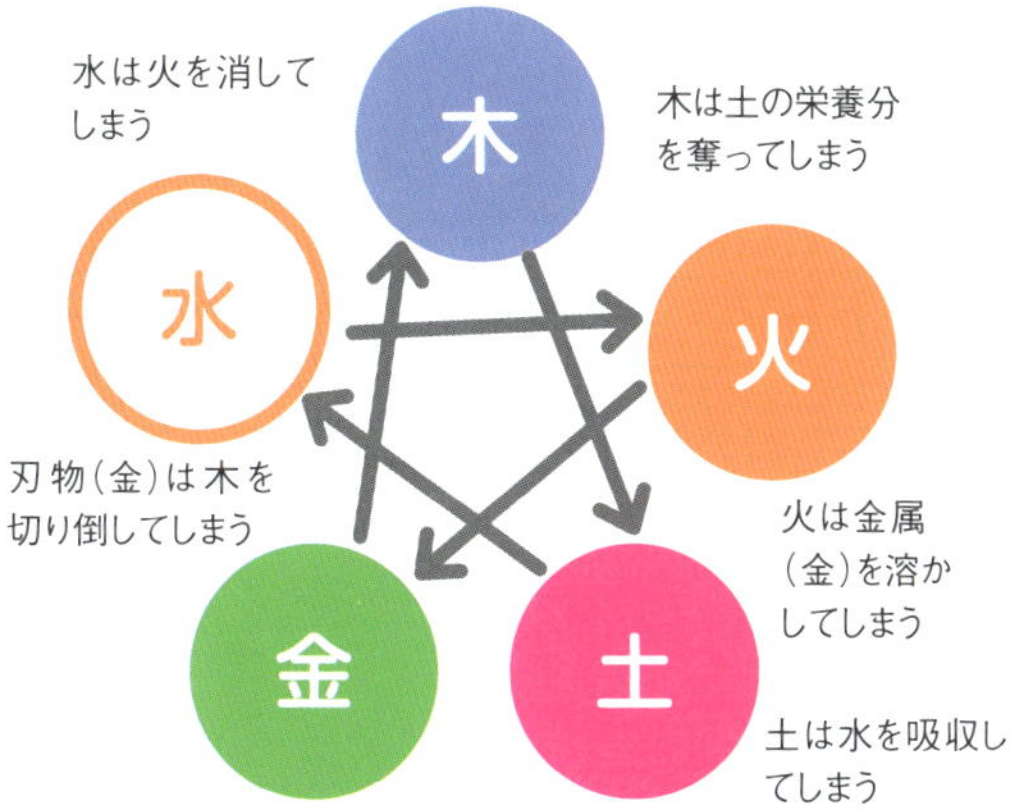
木
火
土
金
水
木は土の栄養分を奪ってしまう
火は金属（金）を溶かしてしまう
土は水を吸収してしまう
刃物（金）は木を切り倒してしまう
水は火を消してしまう

相剋　一つ離れたグループとは、お互いを打ち滅ぼす（剋する）関係にある。木は土の養分を奪い、火は金属を溶かし、土は水を吸収し、金（金属）は木を切り倒し、水は火を消してしまうといったように、お互い相性が悪い。

家相を判断するため「方位盤」を理解する

家相上の方位は方位盤で判断する

家相の吉凶を見るときに、基本となるのが方位盤です。この方位盤は家相を判断するために欠かせない道具で、「二十四山方位盤」や「九星方位盤」「十二支方位盤」、「家族定位盤」などいくつか種類があり、それぞれ役割が異なります。

まずは方位盤の中でも、もっとも基本となる「二十四山方位盤」（左ページ上図）について詳しく見ていきましょう。この方位盤では、全方位360度を45度ずつ8つに分け、北・北東・東・東南・南・南西・西・北西の8つに区分しており、これを「八方位」と呼びます。「八方位」をさらに子・丑・寅・卯・辰・巳・午・未・申・酉・戌・亥の「十二支方位」と、甲・乙・丙・丁・戊・己・庚・辛・壬・癸の「十干方位」（ただし戊・己は除く）に、巽・乾・艮・坤を合わせた、総数24で分類したものを「二十四山方位」といいます。全方位を二十四の方位に分けるため、1つの方位は15度ずつ、八方位の1つは45度なので、1つの八方位をさらに3つに分類しています。

またその内側は五黄土星を中心とし、45度ずつ一白水星・八白土星・三碧木星・四緑木星・九紫火星・二黒土星・七赤金星・六白金星とし、これを九星方位と呼びます。この九星方位は人間の運勢に関連が深く、建物の構えの吉凶判断や、家族の部屋割りなどに用いられます。

そして、北と南、東と西を結ぶ線を「正中線」、北西と東南を結ぶ線を「四隅線」と呼び、これらは玄関や、火気、水回りの吉凶を判断するときに必要となります。

建物の図面に方位盤を乗せ間取りの配置を決める

家相では北東の45度を表鬼門、南西の45度を裏鬼門と呼び、この鬼門方位の真ん中を貫く線を鬼門線と呼びます。鬼門は家相上では重要な意味合いを持ち、建物の吉凶を判断するうえでも大切な要素となります。

実際に家相を判断するときは、家の図面を用意し、その上にこの方位盤を重ねます。建物の中心部分に方位盤の中心を合わせ、磁北に北の正中線を合わせましょう。これで建物の方位を正確に判断し、ガスレンジなどの火気やお風呂・トイレなどの水回り、玄関、部屋などを吉相の方位に配置し、家の間取りを決めていくのが家相の基本です。

方位盤は家相を見るうえで欠かせない道具です

方位盤の基本を知ろう

二十四山方位盤

家相や地層の吉凶を
判断するときに使う

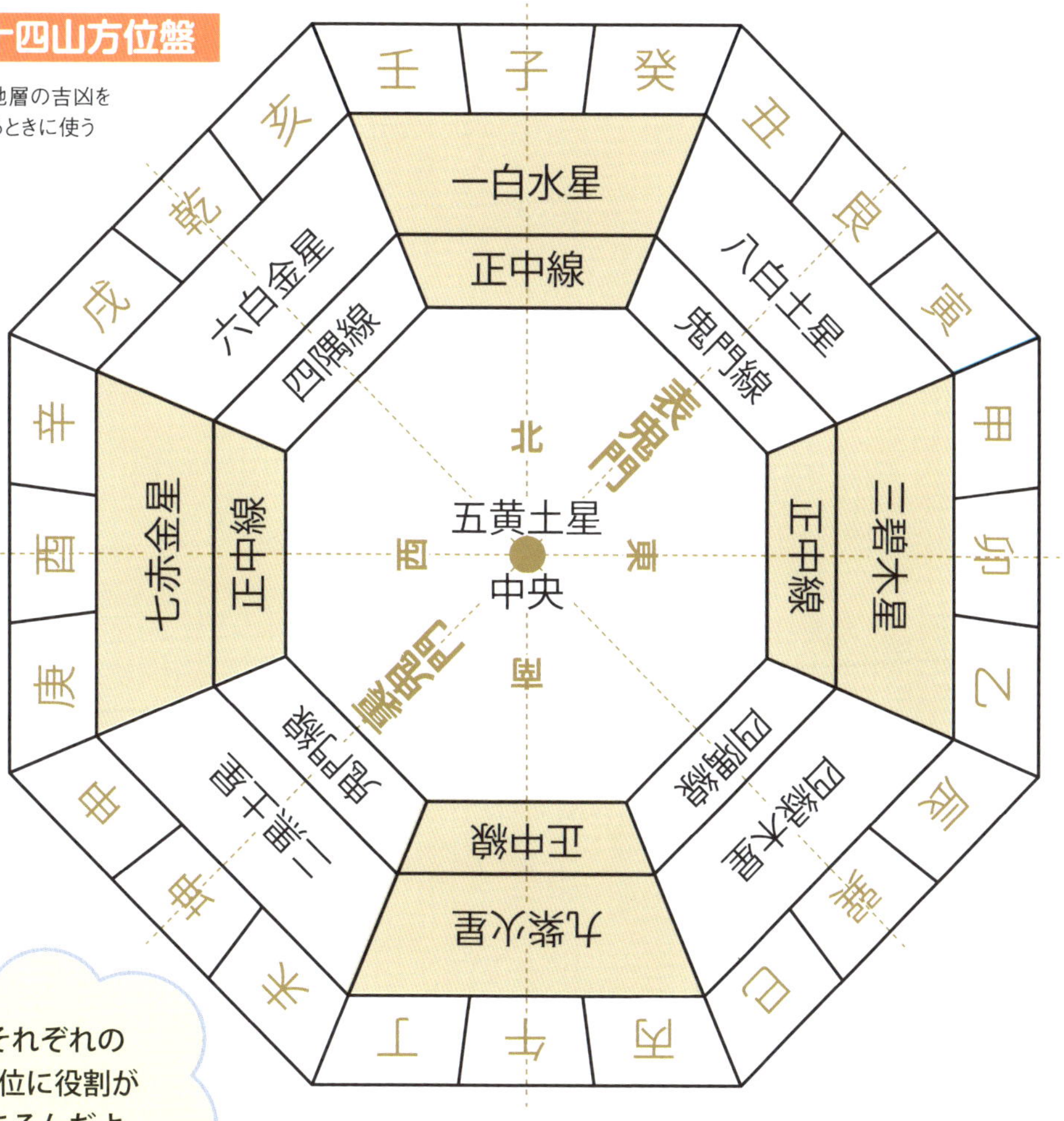

●方位の種類と役割

	どんな方位？	関係あるのは？	どんなときに使われる？
二十四山方位	方位学に必要な方位すべてをまとめた方位	家族全員	家相全般や地相を判断するときに使われる
九星方位	個人の生年月日で決まる方位	個人	運勢の吉凶や家族の部屋割りなどを決めるときに使われる
十二支方位	個人の生年月日で決まる方位	個人	家の間取りを決めるときに使われる
家族定位	家族の役割で決まる方位	家族全員	家族の部屋割りなどを決めるときに使われる

「方位盤」のベースは東西南北と中央の九方位

それぞれの方位が持つ意味を理解しよう

そもそも家相とは、方位学に基づいた学問であることを紹介しました。方位はそれぞれが意味を持っており、家相もこの方位が持つ意味に基づいて吉凶を判断していきます。ここでは、この方位についてもう少し詳しく見ていきましょう。

まず方位の基本となるのは、縦の線をつなぐ北と南、そして左右をつなぐ東と西の四方位です。これに四方位の間にある北東、東南、南西、西北の四方位を合わせた八方位が、家相の吉凶を判断する材料となっています。この八方位は太陽の運動という自然の理をもとに、さまざまな運勢をつかさどっています。家相の家づくりの基本を知るためにも、まずは八方位が持つ意味を確認していきましょう。

【北】北は交わりや物事の始まりという意味を持ち、万物が生まれる力を持ったもっとも神聖な方位とされています。男女の交わりもつかさどっているため、交際運・愛情運・子宝運とも深く関わるとされています。一方で穴や秘密といった意味も持ち、秘密を持って夫婦仲が悪くなったり、金運が落ちたりすることもあります。

【北東】北東は夜明け前の方位とされ、これから日が昇り大きなエネルギーが動くという意味を持つため、表鬼門として注意が必要な方位ともされています。一方で北東は行き詰まりを打開し、停滞しているものを動かすという意味も。今後良い方向に動く方位でもあるため、良い変化を迎えられれば吉と転じる方位ともいえます。

【東】沈んだ太陽が昇ってくる方位。明るく活気に満ち、やる気を生じさせる方位です。この方位のエネルギーを高めると、やる気やチャレンジ精神がアップして物事が発展すると考えられていることから、仕事運や事業運をつかさどる方位でもあります。

【東南】登った太陽が南に移ってゆく境にある方位。物事が整う方位でもあり、縁や結婚をつかさどるとも言われています。また世間からの評価も表し、東南のパワーを高めると信用を得られ、良縁を引き寄せるとも。

【南】太陽が真ん中にある南は、太陽を意味する方位です。このため名誉、人気運などをつかさどる方位ともいわれ、芸術に携わる人にとって重要な方位とされています。ただし太陽は最も高くなると、あとは沈んでいきます。そのため、光が遮られると突然闇に転じるという性質も持ちます。

【南西】南西は、太陽が陰りだす方位。物事が次第に衰えていくことを表します。このため裏鬼門とされ、注意が必要な方位です。一方で新たに命を生み出すパワーを持ち、物事を育成する方位でもあります。

【西】太陽が沈む方位。終わりには実りがあるということで、収穫の意味があります。収穫は人生における楽しみという意味を持つため、レジャー運や金銭運といった人間の喜びに関する運勢にも関係します。

【北西】権力を象徴し、力強いパワーを持つ方位。出世運や勝負運、事業運などをつかさどります。神仏を祀るのにも良い方位です。

家相の九方位

八方位と中央の九方位が重要

●方位を書き込んだ例

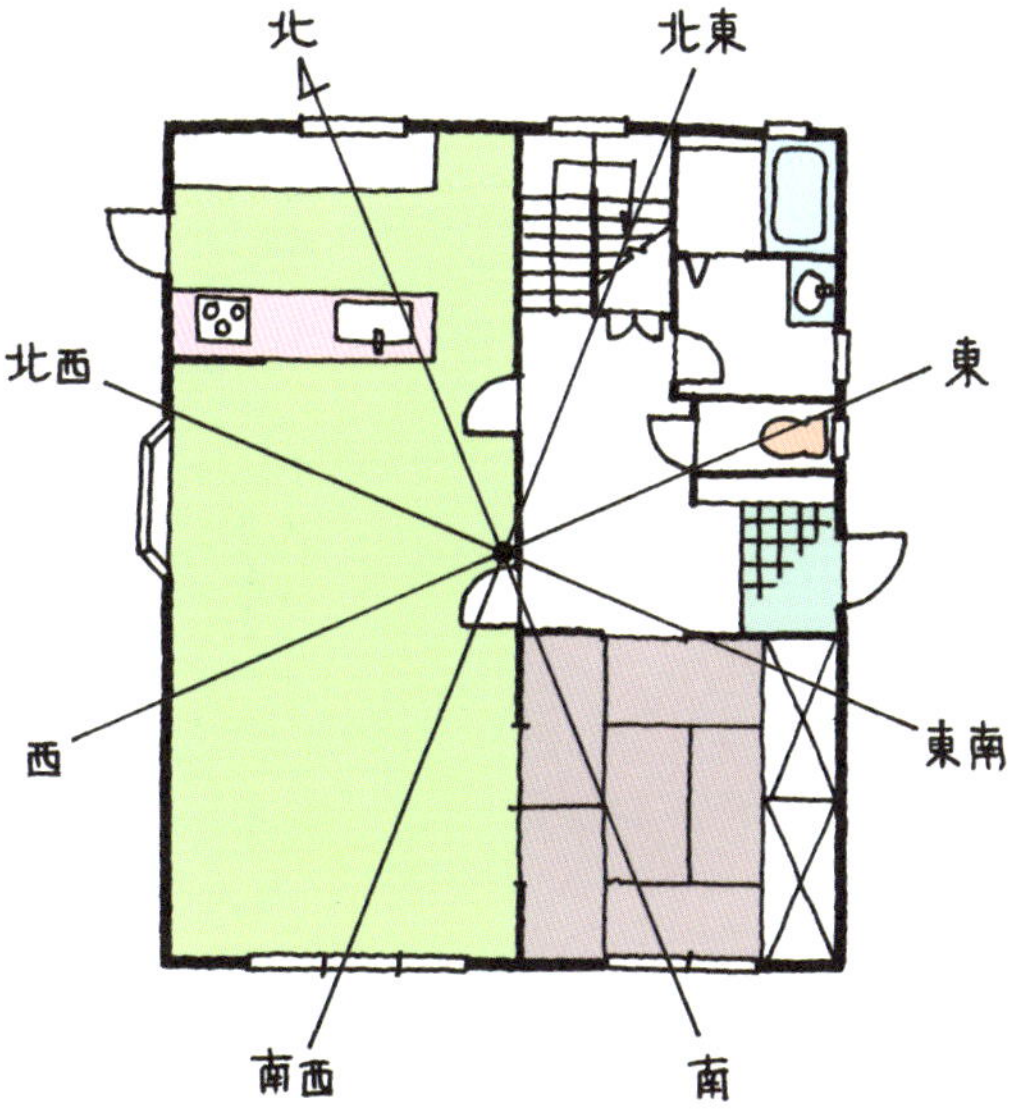

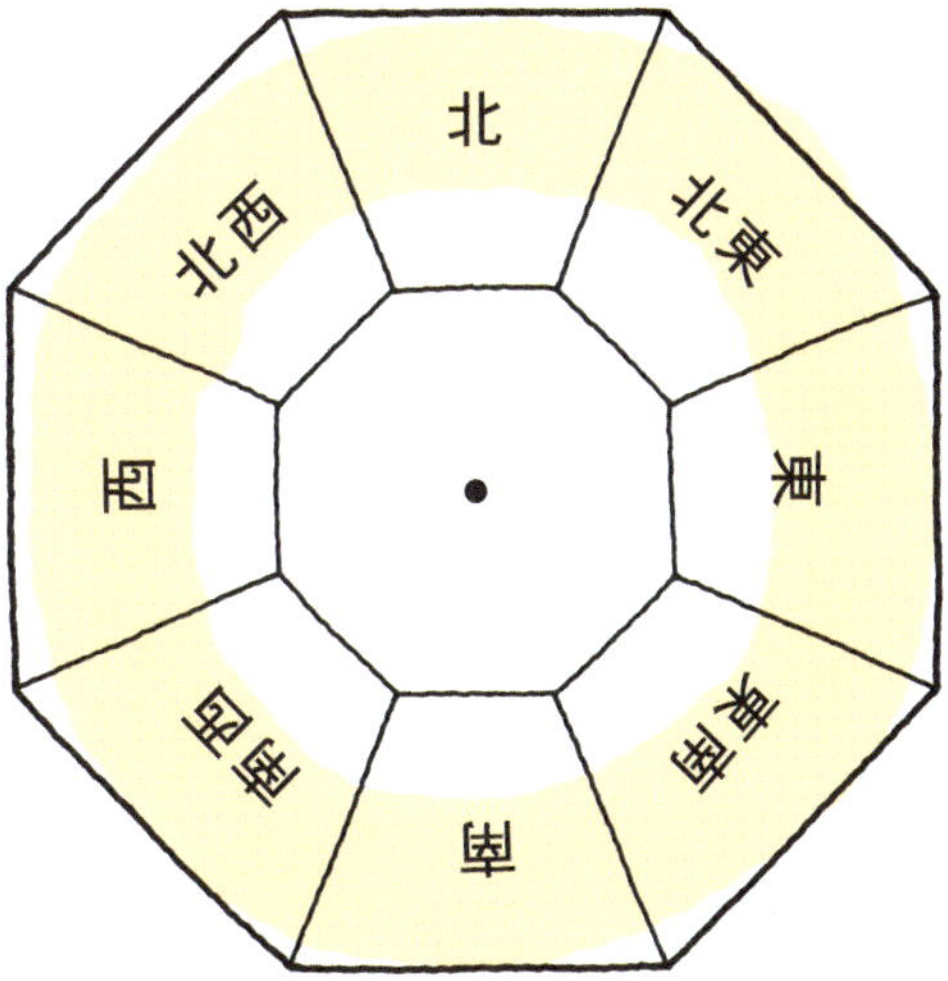

●各方位のもつ意味

北	方位を知る上で基準となるのが北であることから、大切な方位である。神様は北から南の方角を向いて、全てを見て、決めているという考え方から、万物が生まれるという意味を持ち、神聖な方位とされている。
北東	北東は表鬼門。東は北と東のまん中、つまり夜明け前の方位とされている。日が昇る直前、つまり夜と朝の端境で、大変大きなエネルギーが変化するときなので、扱いに気をつける必要があるということで鬼門となっている。
東	東は日が昇ってくる方位。進展性がある、元気が出てくる、一日が始まるという意味で、大変大きなエネルギーが動く方位。家族定位でいうと長男つまり嫡男の方位。
東南	東南は、太陽が登り切ったところから南に行く端境で、上り調子を意味する。家相面でもプラスの方位で、たくさんのエネルギーをもらえ、人間関係、信頼、信用を得られる方位ともいえる。エネルギーがあるため、人との信頼関係も結べる。

南	南は太陽が真ん中にあるところ。南の太陽が燃え盛る情熱を意味することから、芸術家は南を大切にするのがよい、とされている。しかし、太陽は最も高くなるとあとは沈むだけなのと同じように、最高潮にエネルギーが高いと、その分危険な面もあると目されている。
南西	南西は太陽が陰る方位。北東とともに鬼門でもある。日中照らし続けていた太陽の西日は、紫外線も増え、よく水を腐らせるという。西に太陽が沈む瞬間は、エネルギーが高いので、そこで新たな命がなくなり、また生まれるという意味から主婦の定位とも言われる。
西	西は太陽が沈み、1日の終わりを告げる方位。終わりには実りがあり、西はそれを取り入れる収穫の方位とされる。一方で、流されてしまうことも意味するため、移り変わりの激しい方位とも言われる。移り変わりの激しさが水と似ているため、水に関わる商売を西でするとよく繁盛するとされている。
北西	北西は、北から時計回りに東北、東、…と順に経て北西に達することから、生まれてから経験を積んで一家の主になる主人の定位である。その経験が実りのあるものという考えから、それについてくる財産や権威の象徴という意味を持ち、力強いパワーを持つ方位といえる。

家族それぞれの家相は家族定位、十二支方位、九星方位を使う

家族1人1人に影響する方位もある

　北東の表鬼門、南西の裏鬼門は家族全員にとって気を付けなければならない方位です。しかし、この鬼門だけをケアしても、吉相の家を建てることはできません。家には複数の家族がおり、それぞれが個人的な方位を持っています。この個人的な方位を考え合わせることも、家相の良い家づくりにはとても大切なことなのです。

　個人的な方位を見るうえで用いられるのが、家族の生まれ年によって決まる十二支方位や九星方位、家族の役割で決まる家族定位です。十二支方位については次のページで詳しく紹介しますので、ここでは九星方位と家族定位の役割を見ていきましょう。まず九星方位には、五黄土星を中心とし、45度ずつ一白水星、八白土星・三碧木星・四緑木星・九紫火星・二黒土星・七赤金星・六白金星の9種類があり、それぞれ方位が決められています。図のように、一白水星は北、八白土星は北東、三碧木星は東、四緑木星は東南、九紫火星は南、二黒土星は南西、七赤金星は西、六白金星は北西方位となります。自分の九星方位については、P56の早見表で確認してください。

家族の役割で決まる家族定位

　また、家族定位は、家族の役割ごとの方位を示すものです。左の図のように、主人は北西、主婦は南西、長男は東、長女は南東…というように、家族それぞれの方位が決まっています。

　この九星方位、家族定位は、十二支方位とは違って、凶相にならないため、火気や水回りなどを配置しても問題ありません。

　主に九星方位は、建物の構えを判断するときに使われます。自分の九星方位に、吉相である張りを作ることで、運気が上昇します。家族定位は、主に部屋割りを決めるときに役立ちます。主人の書斎は主人の家族定位である北西、長男の部屋は長男の家族方位である東方位に設けることで吉相となります。

　この二つの個人的な方位を活用して、家族全員に吉相となるように工夫すると良いでしょう。

家族それぞれに影響を与える方位

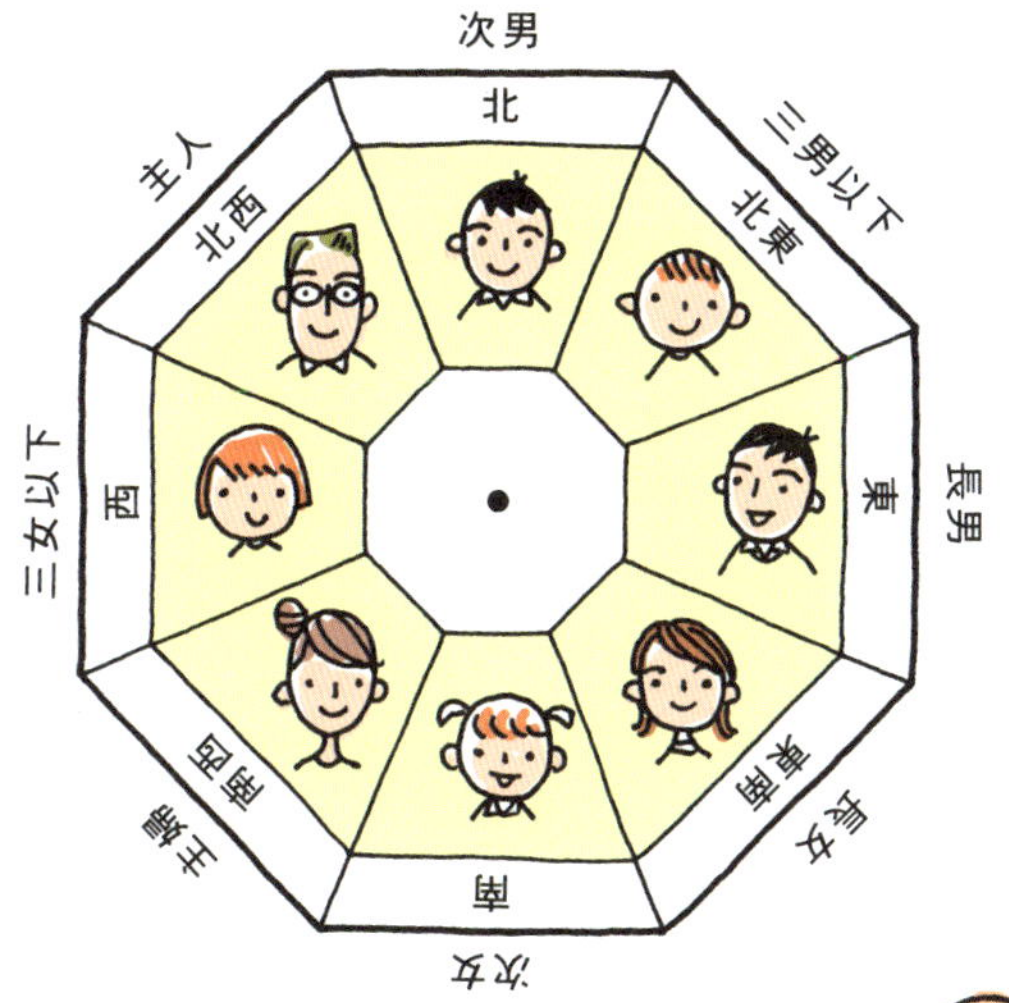

家族には定位がある

家族定位の考え方では、家族それぞれに方位が決まっている。鬼門のような凶相にはならないため、火気や水回りなどの不浄物を気にする必要はない。家族定位に沿った部屋割りで、家族全員が吉相になるように工夫して。

十二支方位は健康と関係が深い

十二支方位は、その人の生まれ年の十二支と対応する。右図を参考に十二支方位を確認しよう。鬼門や家の中心と同じく、家族の十二支方位に火気や水回りが配置されると、病気や体調不良を引き起こすとされている。

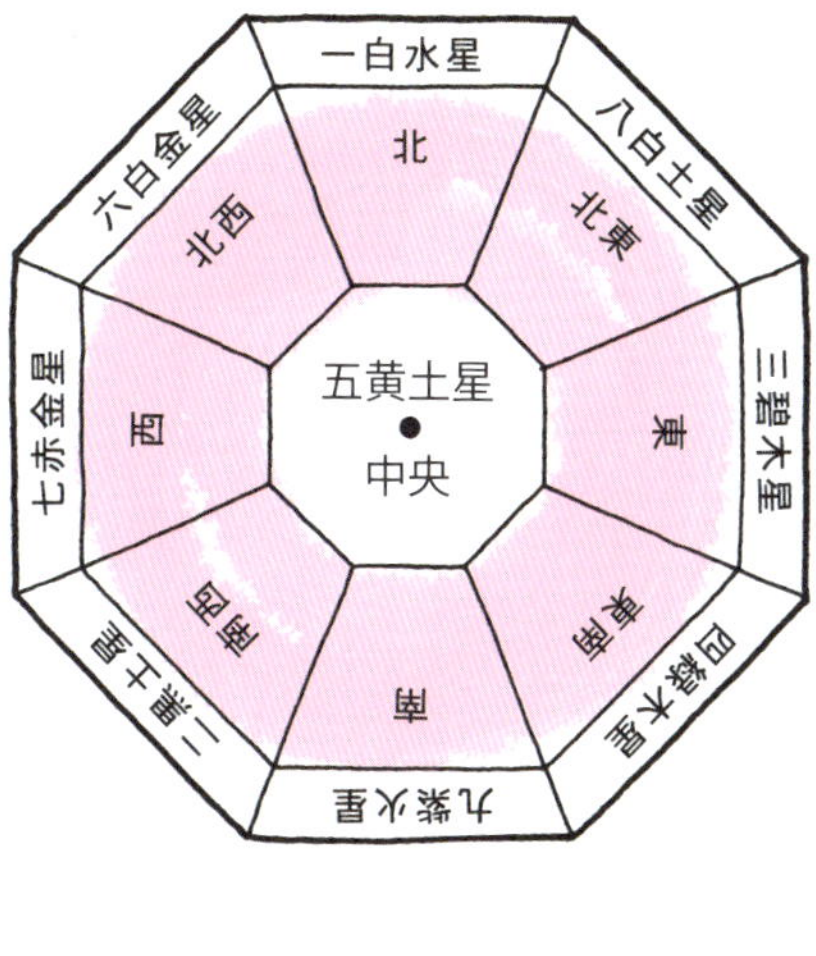

生まれ年で決まる九星方位

九星とは、この世に存在するすべての物を9つの気に分類したもの。P56の早見表を活用し、自分の生まれ年の九星を確認しよう。左の図のように、九星それぞれに八方位とその中心を対応させた定位がある。

鬼門と同じように家族の十二支方位も要注意

個人個人に影響する十二支方位

前ページでは、九星方位や家族定位について詳しく触れました。これらと同じく個人的な方位として大切なのが、十二支方位です。これは、家族の生まれ年の十二支によって決まります。

そもそも、昔ながらの家相では鬼門を重視していました。ところが、鬼門方位を考えた間取りで家を建てても、家族が健康を害してしまうケースがありました。このため、より家相の精度を上げるべく、約30年前に取り入れられたのが、この十二支方位です。現在でも鬼門のみで家相を判断している本などもありますが、より高い精度で家相の良い家づくりをするために、住む人の十二支方位にも気を配りたいものです。

自分や家族が特に影響を受ける方位は、P56の十干・十二支・九星方位早見表を使い、確認してください。たとえば、現在30歳、昭和58年生まれのご主人の場合、九星方位は八白土星、家族定位は北西、そして十二支方位は亥の方位である北西の影響を強く受けます。北西の方位は、家族全員にとって凶相となる鬼門からは外れています。しかし、このご主人のようにその方角が十二支方位にあたる場合は、鬼門と同じように注意する必要があります。たとえば、この方位にガスレンジなどの火気や、トイレ、浴室などの水回りといった不浄物を配置してはいけません。もしもそのような配置にした場合、他の家族は大丈夫でも、その方位が十二支方位にあたるご主人だけが病気や体調不良になってしまう恐れがあります。この場合は、隣にある部屋や押し入れなどのスペースを削ったうえで、十二支方位を避ける方向に不浄物を移動するなどの対策を取ると良いでしょう。

また、玄関が十二支方位にかかるのも凶相とされています。家相でいう玄関とは、玄関扉とたたきの部分を指します。したがって、これらの部分を鬼門と十二支方位を避けた方位に配置する必要があります。もし玄関扉のみが凶相の方位にかかっていたときは、玄関そのものの位置を変えなくても、玄関扉を無難な方向に付け替えることで凶相の対策となります。玄関を別の位置に移動すると大幅なプラン変更が必要になりますが、この程度の変更であれば、比較的修正も容易となり、おすすめです。

家族の
十二支方位も
欠かせない要素
です

家族の十二支方位も影響大

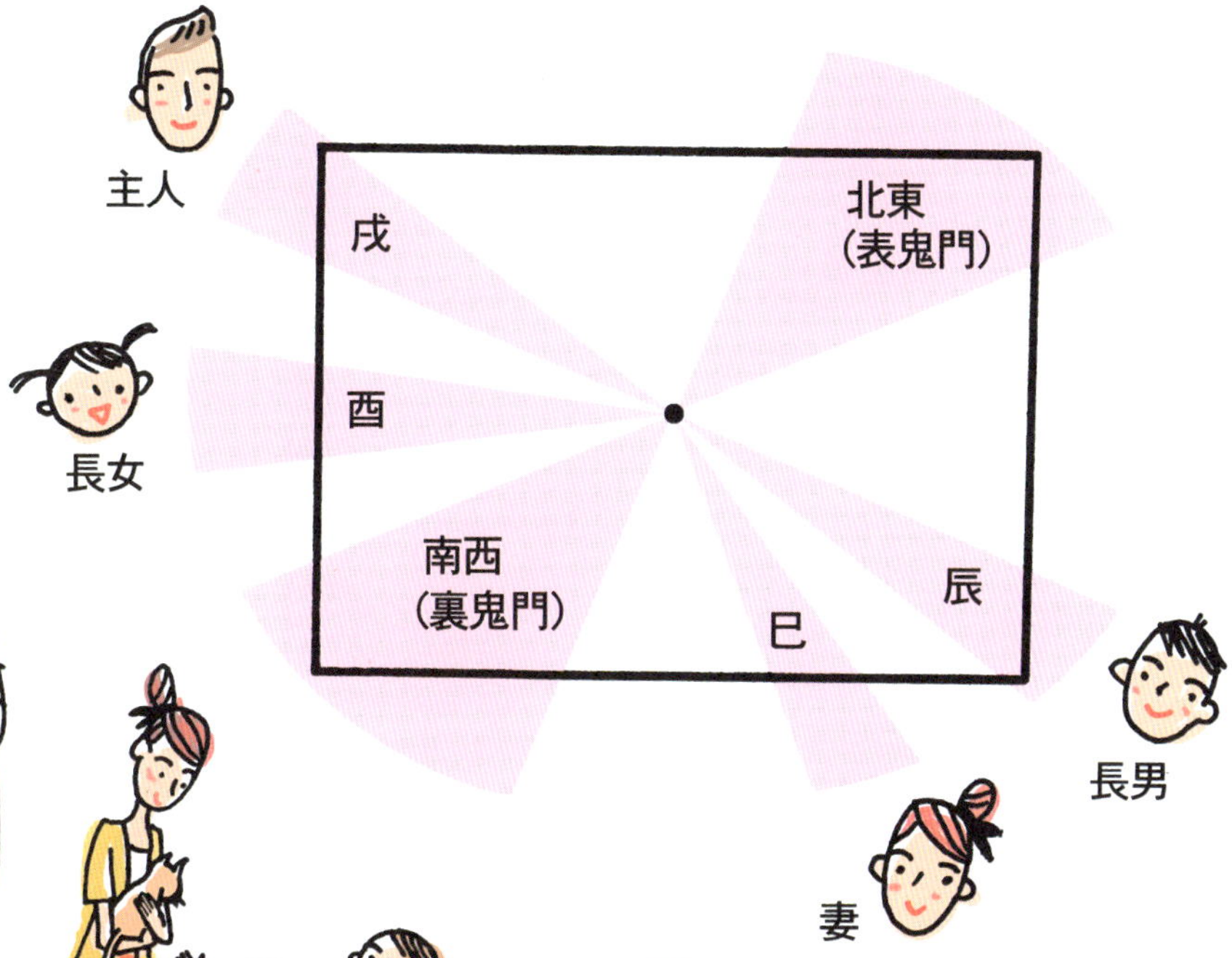

家族それぞれの十二支方位も吉凶に影響を与える

表鬼門、裏鬼門に加えて、家族それぞれの十二支方位も吉凶に影響を与えるとされている。家族の十二支方位は、P56の十干・十二支・九星方位早見表で確認して。火気や水回り、玄関などはこの方位を避けて配置するようにしたい。

東南の玄関が凶相になるケースもある

昔から吉相とされている巽の方位である東南の玄関にこだわる人もいますが、住む人に東南が十二支方位にあたる人がいるときは、注意したいものです。

このように、家相の良い家づくりのためには、住む人の十二支方位も慎重に扱う必要があります。十二支方位は、基本的に今住む人の方位だけを考えれば良く、独立して家を出た家族は、気にする必要はありません。また、なかには将来生まれてくる子どものことを心配する人もいますが、間取りに無理のない範囲で柔軟に対応しましょう。

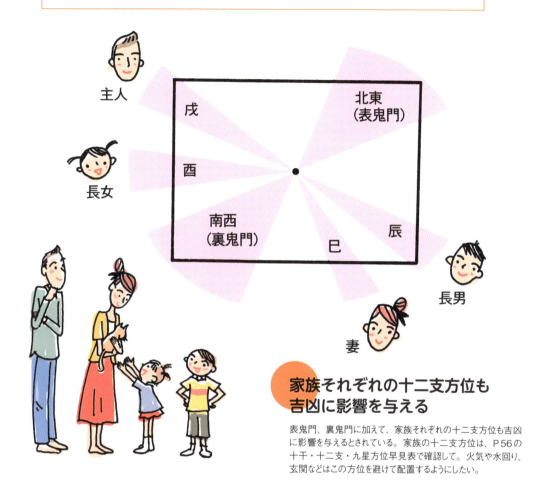

自分の十二支方位に水回り・火気・玄関を置かない

無難な方位でも家族の干支によっては凶相になる

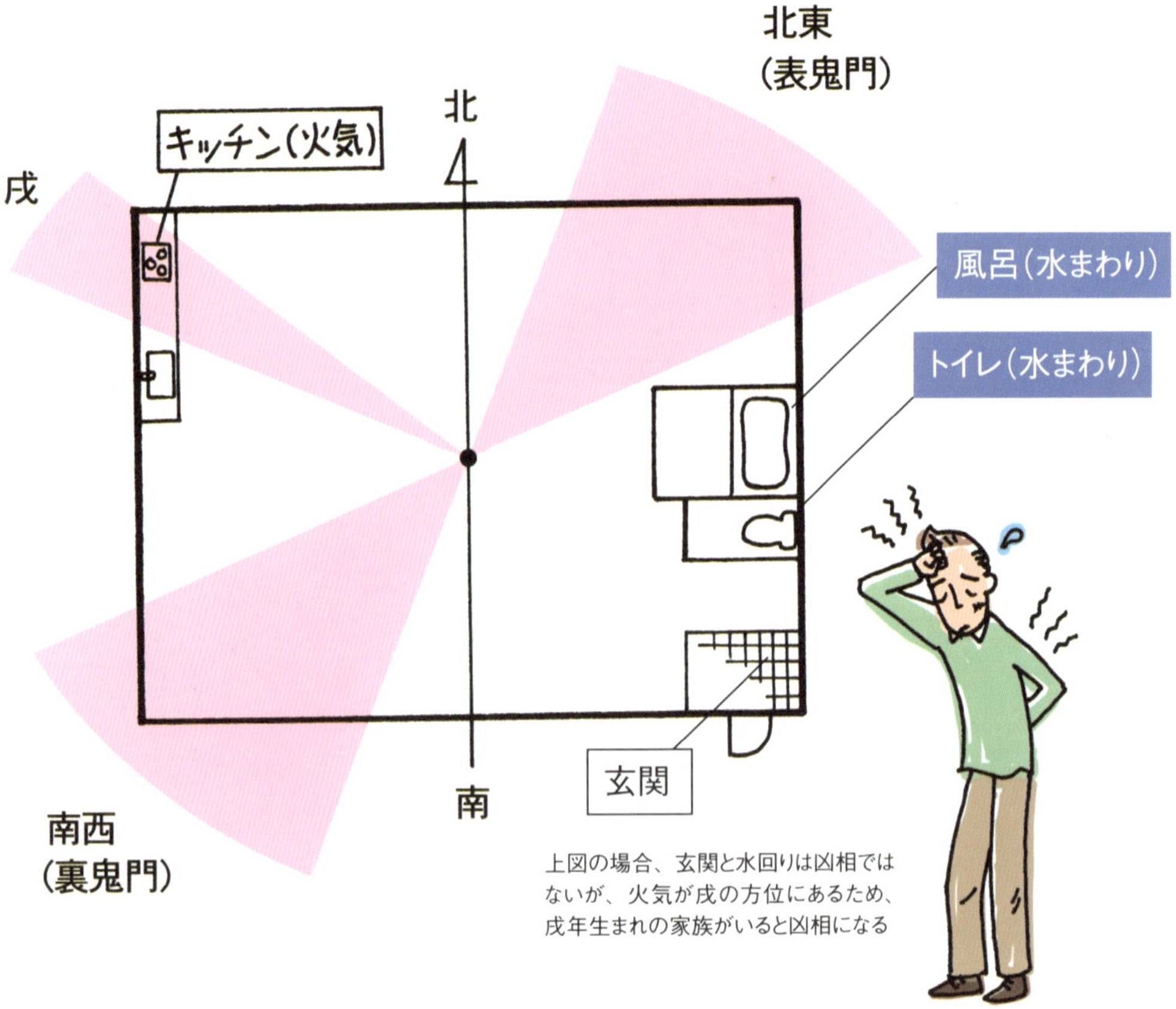

上図の場合、玄関と水回りは凶相ではないが、火気が戌の方位にあるため、戌年生まれの家族がいると凶相になる

鬼門と十二支方位のタブーを理解しよう

これまで紹介してきたように、鬼門と家族それぞれの十二支方位に不浄物や玄関を置くことは、凶相とされています。この他にも、この2つの方位に配置すると凶相となってしまうものがいくつかあります。そこで、左ページの図でどのような配置がどんなトラブルを招きがちなのかを、確認しておきましょう。

●凶相と実害に関する一般的な傾向

部位＼凶相	鬼門方位	十二支方位	その他(中央部など)
玄関	リストラ、いじめ、経営不振	リストラ、いじめ、経営不振	
建物の欠け	リストラ、いじめ、経営不振	リストラ、いじめ、経営不振	北西の欠け：金銭トラブル 東南の欠け：対人トラブル 中心部の吹抜け：家族の中心的存在に病気などが起きる
火気	精神的な病、頸部の病	精神的な病、頸部の病	中央部の火気：左記凶相の影響大
トイレ	腹部の病、血液の病	腹部の病、血液の病	中央部のトイレ：左記凶相の影響大
浴室	ぜん息、アレルギー、呼吸器系の病	ぜん息、アレルギー、呼吸器系の病	中央部の浴室：左記凶相の影響大
階段			中央部の階段：目の病、心臓の病、交通事故、骨折
井戸	血液の病(血の巡り)、下腹部の病	跡取り(男性)への影響が大きい	家の内部(床下)などの井戸：引きこもり
邸内社(御稲荷様など)			あった場所からのむやみな移動：火事
汚水管			玄関前を横切らせた配管：金縛り、不眠症

注　上記一覧の内容は、あくまで家相で一般的にいわれる傾向を示す。たとえば、生まれながらに血圧の高い体質であれば、凶相の家に暮らすことで症状はより顕著に悪化するおそれが高くなるということ。凶相から受ける影響の強さには、個人差もあることに留意を。

Q1 事務所と店舗を併設したいのですが…

事務所と店舗は完全分離しよう

家相上は、事務所と店舗は完全分離するのが望ましいと考えられます。たとえ建物は1つでも、玄関を分けて室内で出入りをしなければ、完全に分離していることになりますので、設計上工夫すれば良いでしょう。

Q2 二世帯住宅に家相を取り入れるにはどうしたらいい？

完全分離か内部に出入口を設けるか決める

まず、それぞれの世帯を完全分離するか、家の中に出入口を設けるかを判断します。完全分離の場合は、それぞれの世帯で家相を判断し、出入口がある場合は、両家を併せて中心を取るので、家相の観方が大きく異なります。

Q3 リフォームするときのコツは？

最初から家相の考えを組み入れよう

リフォームをするときは、ガスレンジをIHヒーターにする、トイレと洗面所を別々にするなど、ちょっとした工夫で吉相にすることができます。検討段階でしっかり家相の考え方を取り入れてからスタートしてください。

Q4 部屋割りの注意点は？

部屋割りより火気や水回り、玄関を優先

家相建築では、火気、水回り、玄関の位置などが吉相になっていれば、部屋割りでひどい凶相になることはありません。もちろん、注意できるならしたほうが良いので、5章などを参考にして部屋割りを決めると良いでしょう。

第2章

知っておきたい家相の基礎知識

家相で一番大事なのは、家の中心である玄関の位置。
また、鬼門にあたる方位を知り、火気や水回りを近付けないことも大切です。
こうした基礎知識をしっかり学びましょう。

CONTENTS

第2章

知っておきたい 家相の基礎知識

家相の吉凶の判断ポイントや注意点など、家相の良い家づくりのために必要となる、基礎知識を学んでいきましょう。

「幸せの家」を建てる流れをチェックしよう

家相を取り入れた家づくりに挑戦

いざ家相を取り入れた家を建てるとなったとき、いったい何から始め、どのような点に気を付ければいいのでしょうか？　効率的に吉相の家づくりを進めるためには、段取りも重要です。ここではまず、家相の良い家を建てる流れを追ってみましょう。

【1　土地を選ぶ】

3章で詳しく紹介していますが、家相の良い家を建てるためには、その土台となる土地選びが大切になります。すでに土地がある人は別ですが、これから土地を探すという人は、3章を参考にしたうえで、吉相の家が建てやすい、地相の良い土地を探してください。家を建てるにあたって家相のプロの手を借りる場合は、この土地選びから相談できるとより良いでしょう。

【2　磁北を確認する】

土地が確保できたら、土地の磁北を確認します。家相の方位は家の中心とこの磁北で判断されますから、正確な磁北を測ることが大切になります。測量図などにある北は、磁北（じほく）なのか真北（しんぼく）なのかがはっきりわかりませんので、自分で再確認するのがおすすめです。

【3　建物の中心を確認する】

家の磁北がわかったら、次は予定している大まかな間取り図から、建物の中心を確認しましょう。家の中心は、配置を決める基礎となりますので、正しく出すように注意してください。建物の中心の確認方法はP43を参照してください。

【4　方位盤で方位を確認する】

建物の中心が把握できたところで、建物の中心と方位盤の中心が重なるように間取り図の上に方位盤を乗せ、磁北の方向に方位盤の北を合わせましょう。これで方位を確認しながら、詳細な間取りを考えることができます。

【5　家族の十二支方位と九星方位を確認】

間取りを決める前に、まずは家族の十二支方位と九星方位を確認しておきましょう。これらは、鬼門や家の中心と同じく、住む人に強い影響を与える方位になります。P33に表がありますので、そちらを参考にしてください。

●家相建築での吉凶の判断手法

①土地選び	実際に足を運んで土地を確認して。最も大切にしたいのは、採光や通風の良さ。道路の位置や土地の傾斜、土地の歴史も調べておく。
②磁北の確認	家相の基本となる磁北は正確に調べたい。図面に頼るのではなく、自分で調べるのがおすすめ。場合によっては専門家に依頼して調べてもらうことも可能。
③建物の中心の確認	建物の中心は、吉凶方位を判断する基準となる。調べる際には、建物に含めるもの、含めないものに注意して。複雑な形の建物の場合、コンパスを活用する方法もある。
④方位の確認	③で確認した建物の中心と方位盤を重ね、北の位置を②で調べた磁北と重ねて方位を確認する。特に北東と南西の鬼門は重要な方位なので必ず確認。
⑤十二支方位と九星方位の確認	鬼門や家の中心以外にも重要な方位となる十二支方位と九星方位。家に住む人それぞれの方位を確認し、部屋割りなどで活かして。
⑥玄関の位置決め	最初に家の顔でもあり、家の動線を決める玄関の位置を決める。鬼門や正中線、四隅線上などに玄関を配置することは避けたい。道路との関係も要注意。
⑦全体の間取り決め	使いやすい家の動線を考えながら、鬼門や住む人の十二支方位や九星方位を参考にして配置を決める。家族定位も部屋割りの参考になる。

【6 最初に玄関の位置を決める】

間取りを決めるときは、玄関の位置を一番初めに決めましょう。玄関の位置を決める際に注意すべきことは、P50を確認してください。玄関の配置が決まることで家の動線が決まりますので、暮らしやすい動線を考えながら、他の部屋割りを決めていきましょう。

【7 全体の間取りを決める】

玄関の位置が決まったら、火気や水回りの不浄物の配置が吉相になるよう、間取りを決めていきます。家族の部屋決めを検討するときには、鬼門や家の中心だけでなく、家族の九星方位や家族定位も参考にしてください（P33参照）。

家相で大切なのは建物の中心と磁北

まずは自分で建物の中心を確認してみよう

1章で紹介したように、家の吉凶を見るときには、方位盤を使い、建物の中心からみた方位の吉凶を判断します。そのためには、方位盤を建物の図面上の中心と方位盤の中心を合わせる必要があるので、まず、建物の中心を図面上で確認することが家相の良い家づくりの初めの一歩になります。

家相学上の中心とは、建物の1階の重心のことを指します。大地に直接根差している1階が基本となっているのです。2階や3階のある家の場合も、1階の中心で方位の吉凶を判断しますので、注意しましょう。

ここでいう建物とは、基礎の外周部分、つまり土台の上で壁と天井で囲まれた部分のことです。玄関ポーチやウッドデッキ、バルコニー、出窓などは建物のうちに入りません。玄関は、屋根と柱があるため建物の中に含めてしまう人もいますが、必ず外して考えてください。ただし、物置やサンルームが建物に付帯している場合は、それらも建物に含めます。車庫も同様に、建物に付帯している場合は、建物の一部と判断します。

次に建物の中心の出し方ですが、基本的に、長方形や正方形などわかりやすい形の建物の場合は、建物の四隅をつないだ対角線の交差点が中心となります。「張り」がある場合は、「張り」の部分を含めて対角線を引きます。逆に、「欠け」がある場合は「欠け」の部分を除いたうえで対角線を引きましょう。長方形をいくつか合わせた形の場合は、各々の長方形の中心を出し、それを線でつないだ中心部分が、建物の中心になります（左ページ図参照）。

建物の形がもう少し複雑で、中心がわかりづらいという場合は、コンパスを使って調べる方法があります。まず、建物の1階の図面を厚紙に貼り、建物の形に切り取ってください。拡大コピーをするとやりやすいでしょう。その切り抜いたものをコンパスの針の先端に置き、バランスが取れたところが中心点です。1人がコンパスを持ち、1人が図面を持つようにすれば、比較的簡単に中心を知ることができますので、やってみてください。

建物の中心は鬼門と並んで重要

さて、家の中心がわかったら、次は家を建てるうえで具体的に気を付けたいポイントを確認していきましょう。まず知っておいて欲しいのは、家相において家の中心

●建物に「含めるもの・含めないもの」をチェックしよう

建物に含めるもの	・建物に付帯している物置 ・サンルーム　など
建物に含めないもの	・バルコニー ・玄関ポーチ ・ウッドデッキ ・出窓

家の中心の取り方

建物の形が長方形の場合

建物の四隅をつないだ対角線の交差点が中心。「張り」がある場合は張りの部分を含めて、また「欠け」がある場合は、「欠け」の部分を除く

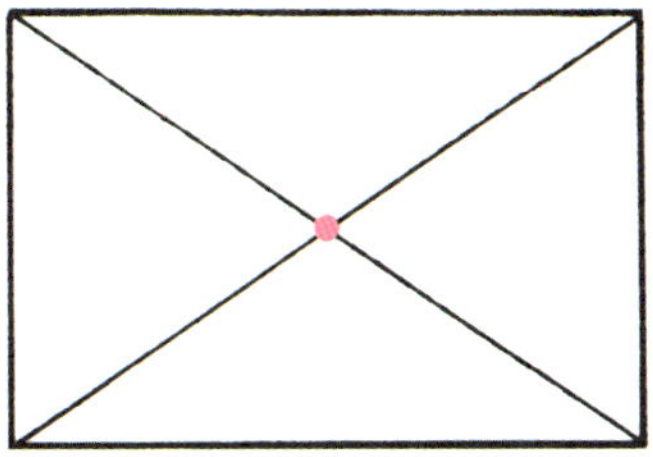

建物の形が長方形以外の場合

全ての部屋を対角線でつなぎ、さらに各々の中心を線でつないだ中心点が建物の中心となる

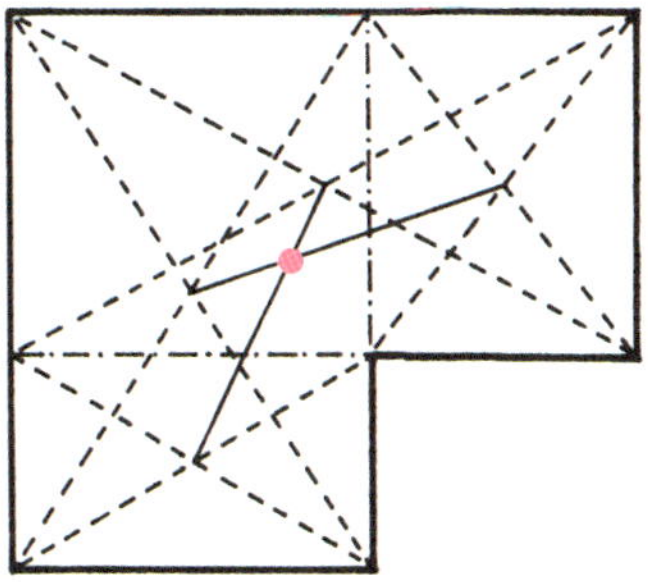

こんなパターンは凶相

1 建物の中心に階段がある

2 建物の中央に「欠け」（中庭など）がある

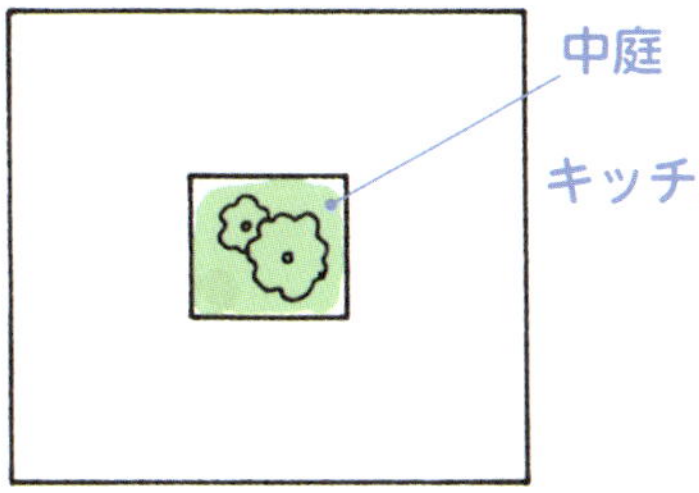

3 建物の中心に水回りや火器がある

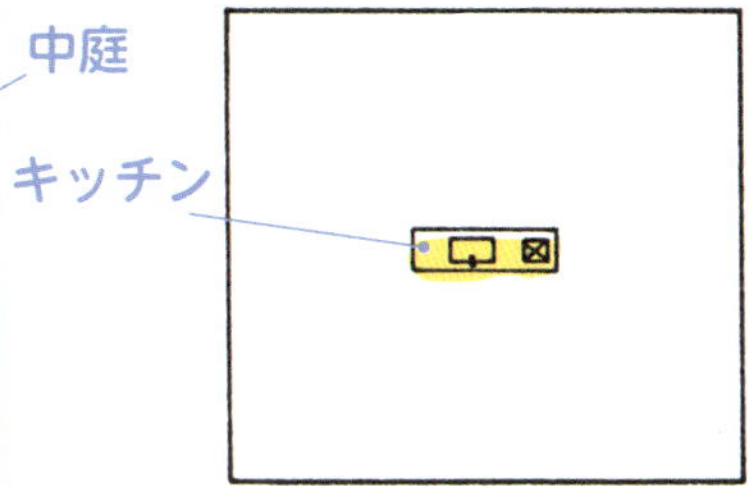

は、表鬼門、裏鬼門と並んで危険なゾーンであること。もっとも避けたいのは、家の中心に階段を設けることです。家の中心の階段は、背骨のない身体と同じ状態であり、大きな災難が起こる場合が多いとされています。そこで、家相学上は家の中心の階段を大凶相ととらえています。家を建てるときは、階段は必ず家の中心から半径2m以上離れたところに配置するようにしましょう。

火気や水回りも家の中心は避ける

家の中心に「欠け」を作ることも、凶相となります。建築家が設計した家などでは、デザイン性を重視して建物の中心に中庭を作るケースもあるようですが、中庭は家相的には「欠け」と判断されます。また、L字型や凹型の家も、建物の外部に中心がきてしまいますので、注意が必要です。さらに、鬼門と同じく、建物の中心に火気や水回りを置くことも家相上は凶相とされます。ガスレンジや、お風呂、トイレなどの不浄物を配置するのは避けましょう。

真北ではなく磁北が重要

北には地図上の真北と磁石上の磁北がある

建物の中心がわかったら、次は方位を図るために、北の方角を正確に知る必要があります。北を指す場合、地図上の真北と、磁石が差す磁北の2つがありますが、家相では磁北の方を用いて方位を判断します。実は同じ北といっても、真北と磁北には差があり、磁北の方が真北よりも西に若干傾いているのです。

P45下図は真北と磁北の角度の差を地域別に示した国土地理院の西偏差角度表ですが、これを見ると、東京では約7度、沖縄で約4度の差があることがわかります。

測量図などにも北が示されていますが、それが真北を指しているのか、磁北を指しているのかわからないケースがほとんどです。せっかく家相にこだわった家を建てても、もし磁北が少しでもずれていたら、吉相だと思っていた間取りが凶相になってしまうケースもあります。正確に磁北を把握することは、家相においてとても大切なことなので、注意したいところです。

同じ北でも、真北と磁北ではズレがあるんですね

方位磁石を使って磁北を求めてみよう

自分で磁北を調べる場合は、まず周囲に高圧線や線路、エンジンがかかった車など、磁石に影響を与えるものがないかを確認します。身に付けているブレスレットや時計などもはずしておきましょう。そのうえで、地面に磁石を置くのではなく、地面から最低1メートルほど上の位置に、厚めの雑誌などの上に方位磁石を乗せ、磁北を測ります。1カ所だけで測定するのではなく、何カ所かで測定して、より正確に磁北を判断するようにしてください。

自分で測定するのが不安だという人は、測量士に依頼するのもひとつの手です。測量士ならば、真北でも磁北でも正確に測定することができます。

磁北は家相を見るうえでとても大切なんですよ

磁北の調べ方

1 磁北は真北よりも西に傾いている

磁北は真北よりも西に傾いており、その傾きは地域で異なります(下表)。正確な磁北を使わないと家相の判断ができません。

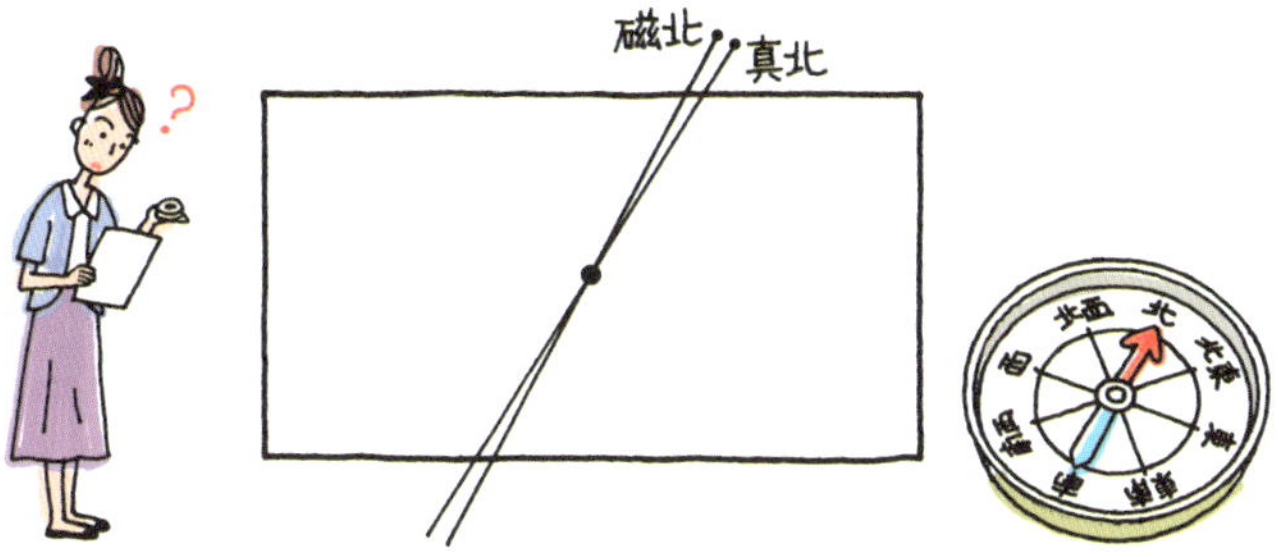

2 磁北測定は外部の影響を受ける

正確な磁北を測るのはなかなか難しいものです。もし不安な場合は、測量士など、プロに依頼をするのもよいでしょう。

3 不安なら測量士に測定してもらってもOK

磁石は他の磁力の影響で狂うことがあります。近くに高圧線や鉄道、車などがないか確認してから測定しましょう。

●西偏差角度表

真北と磁北の角度の差を地域別に示した表。例えば、東京では約7度違うことがわかる。

稚内	10.10	千葉	6.50	津	6.50	徳島	6.50
札幌	9.50	横浜	7.00	大津	7.10	高松	7.00
青森	8.20	東京	7.00	京都	7.00	松山	6.40
盛岡	8.30	新潟	8.10	大阪	6.50	高知	6.50
秋田	8.20	富山	7.30	神戸	7.00	福岡	6.40
仙台	8.00	金沢	7.30	奈良	7.00	佐賀	6.30
福島	7.30	福井	7.20	和歌山	6.50	長崎	6.10
山形	7.10	甲府	6.10	鳥取	7.30	熊本	6.10
水戸	7.00	長野	7.10	松江	7.30	大分	6.40
宇都宮	7.20	岐阜	7.10	岡山	7.00	宮崎	6.00
前橋	7.20	静岡	6.20	広島	6.50	鹿児島	6.10
さいたま	7.00	名古屋	7.00	山口	6.50	那覇	4.00

国土地理院「磁気偏角一覧」2000年値

「張り」は吉相「欠け」は凶相となる

家の構え（「張り」・「欠け」）

1 家の「張り」と「欠け」とは

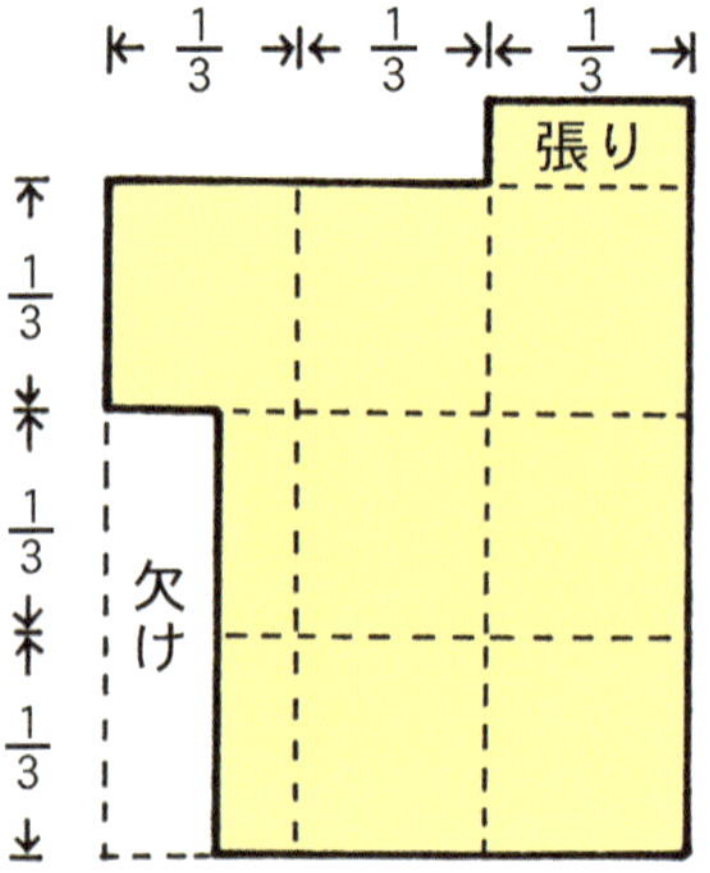

一辺の長さの1/3以内の凸を吉相の「張り」といいますが、それ以外は凶相の「欠け」になってしまいます。

2 北東と南西の鬼門方位にある「張り」「欠け」は凶相

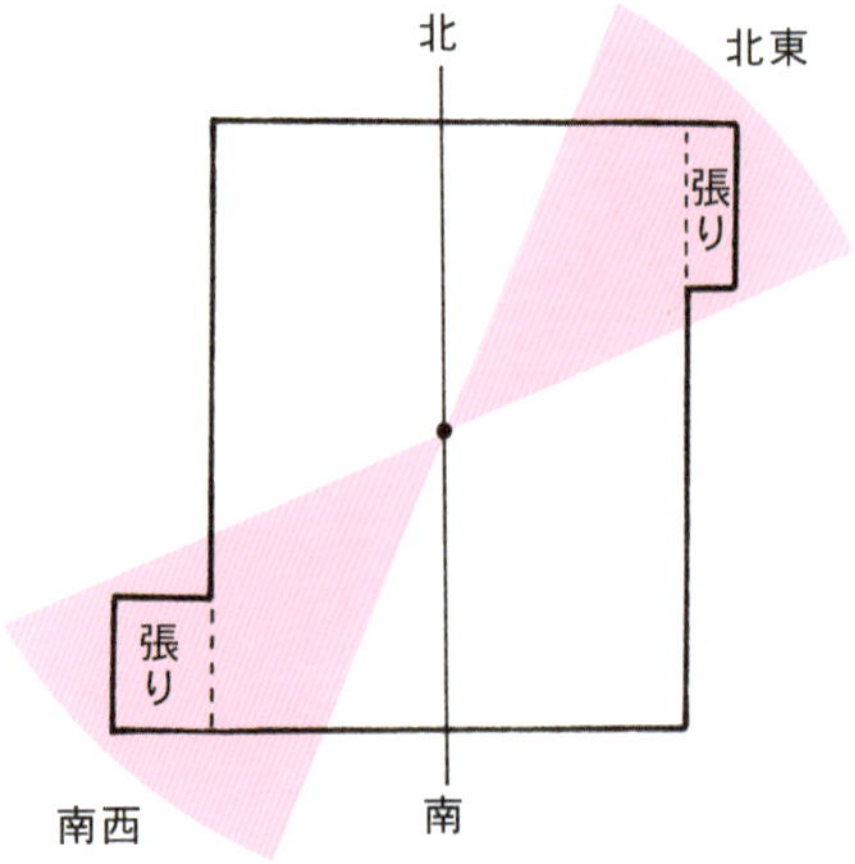

表鬼門の北東、裏鬼門の北西に「張り」や「欠け」があると大凶相になるので注意したい。

建物の構えも家相に影響する

家相上は、家の間取りだけでなく、家の構えも重要な要素です。構えというのは、簡単にいうと、家の形のこと。基本的にはできる限り凸凹はない方が良く、シンプルな長方形などが理想的です。家を器として考えると、形の悪い家は不安定ということになり、良い気が集まらないと考えられているのです。

家相では凸のことを「張り」、凹のことを「欠け」と呼びます。基本的に「張り」は吉相ですが、「欠け」は凶相となります

「張り」とは建物の一辺に対して1／3までの出っ張りのことを指します。1辺が12mなら、4mまでは吉相の「張り」です。ただし、4mを越えてしまうと凶相となってしまいます。また、「張り」を作って良いのは1辺に対して1カ所だけですので、2つの「張り」がある場合も凶相と判断されます。これらの点には注意しましょう。

また「欠け」とは1辺の長さの2／3以上の引っ込みのことを指します（図1）。これは家相上凶相とされるので避けたいもの。この欠けが一辺に2つ以上ある場合は2段欠け、3つ以上ある場合は3段欠けと

3 家の「張り」・「欠け」は1階で見る

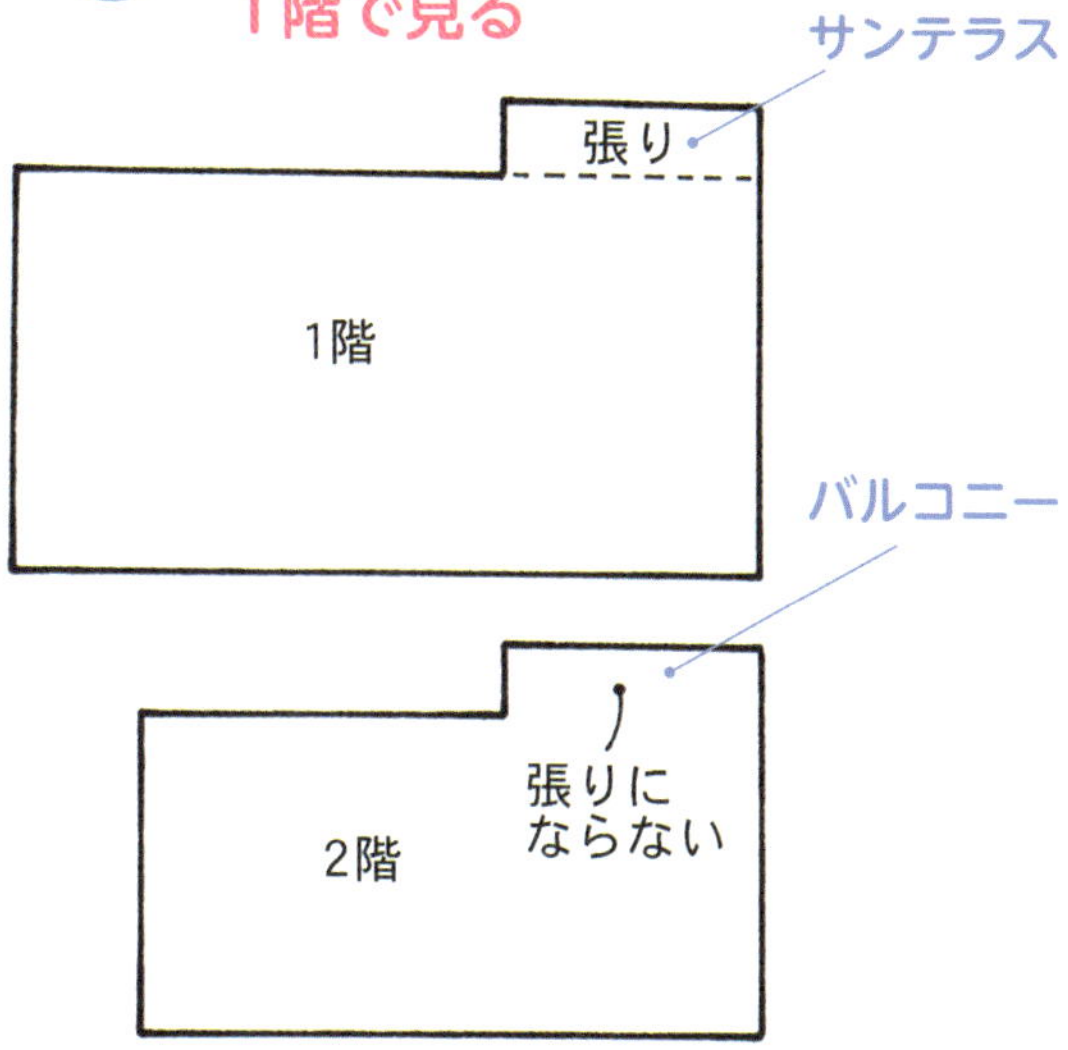

家の「張り」や「欠け」は、1階で判断する。つまり、2階に出っ張りや引っ込みがあっても、「張り」、「欠け」とは判断しない。

4 「張り」と「欠け」は間違いやすい

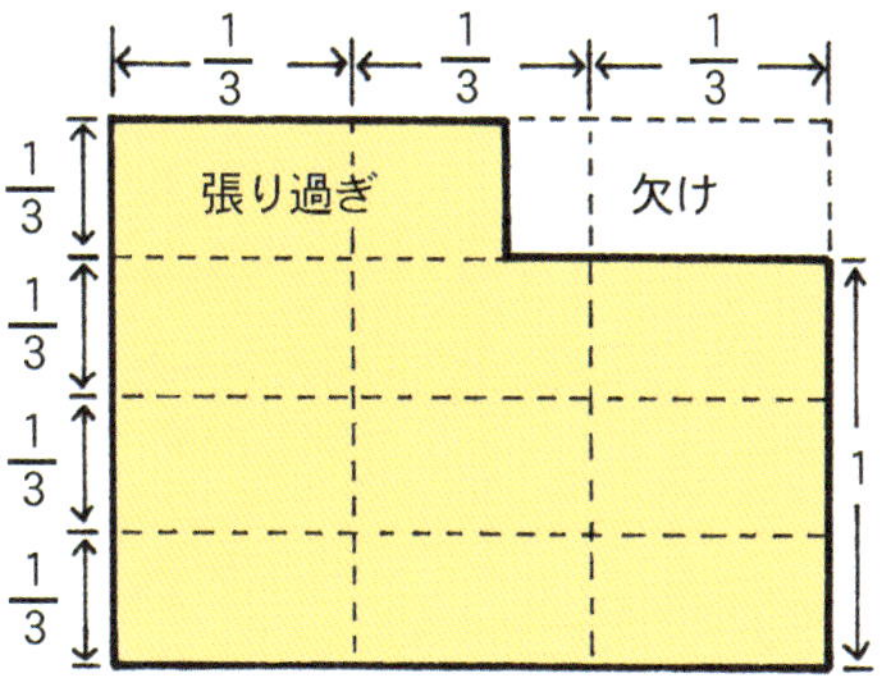

1/3以上の出っ張りは張りすぎて反対側の「欠け」となる。「張り」と「欠け」の判断は難しいので、専門家に相談して判断してもらうと安心。

いって、欠けが増えるほど凶相になります。

「張り」「欠け」を考えるうえでもっとも注意したい方位が、北東と南西の鬼門方位です。この方位に「張り」、「欠け」を設けると大凶相となってしまいますので、気を付けてください（図2）。吉相の「張り」を設けて効果的な方位は、北西と東南の2つ。この二方位の「張り」は家相上最高の構えと言われている吉相の家です。

ただし、「張り」と「欠け」の2つは判断が難しく、吉相の「張り」と思ったものが、凶相の「欠け」であったということもあります。間違った判断をしてしまうのではないかと不安な人は、専門家に相談すると良いでしょう。

建物の構えは1階で判断する

建物の構えは大地の上にある1階のみで判断されます。このため2階以上に「張り」や「欠け」があっても問題にはならないのです。なので、2階に大きなバルコニーを作ることも可能です。予算の都合で建物の面積を小さくする場合は、2階で調達するのが無難です。

水回り・火気・玄関の位置が家相を左右する

家相の吉凶を決める不浄物の位置

前述のとおり、家相は方位学に基づいています。家の吉相を判断するにあたり、重要な要素を占めるのが「不浄物」を配置する方位です。「不浄物」とは基本的に、火気と水回りのことで、具体的にはキッチンのガスレンジや流し台、浴槽、浄化槽、トイレ、下水管などをさします。

この不浄物の配置が悪いと、家族が健康を害したり、悪い影響が出るとされています。このため、吉相の家を建てるためには、この不浄物の配置こそが最も重要となるのです。

かつては火気も水回りも同じ程度危険なものと考えられていました。しかし、現代では住宅設備の進歩によりトイレや浴槽、浄化槽などの衛生面が格段に改善されたため、水回りの家相上の危険度は下がっています。

これに対し、火気は人間の精神状態に影響を与えるといわれています。ストレス社会と言われる現代では、精神的に追い詰められ、健康を損なってしまうケースも少なくありません。そういう意味では、火気の危険度は水回りよりも高いといえるでしょう。

火気と水回りのほか、家の顔ともいえる玄関の位置も、家相上重要な要素です。かつての家相では、東南に玄関を置くことが吉相とされてきましたが、そこまで東南にこだわる必要はありません。しっかり吉相の方位を見極めることが大切です。

不浄物は鬼門方位に置かないことが大前提

家相では、方位をみるときに「方位盤」を使用します。家相上北東の45度を表鬼門、南西の45度を裏鬼門といい、凶相の方位とすることを紹介しました。基本的には、この鬼門方位に火気や水回り、玄関を配置しないことが、家相の良い家づくりの基本となります。

ただし、近年の家相では、この鬼門を避けるだけではその家に合った家相の判断はできないとされています。家には、複数の人間がともに暮らし、お互い影響し合うからです。家族1人1人の方位は十二支方位といいます。この方位は、個人の運勢に強い影響を及ぼしますので、火気、水回り、玄関の位置は、この十二支方位も避けなくてはなりません。このため、家相を判断す

なるほど、
不浄物の配置が
重要なんだね

●家相建築での吉凶の判断手法

不浄物とみなされるもの

火気

・ガスレンジ
・IHクッキングヒーター［※1］
・給湯器
・ボイラー　など

水回り

・トイレ
・浴槽
・キッチンシンク
・浄化槽
・排水管　など

不浄物とみなされないもの

・電子レンジ
・オーブントースター
・自然冷媒（CO2）ヒートポンプ給湯器
・洗濯機［※2］
・冷蔵庫
・シャワールーム
・洗面台
・スロップシンク
・ディスポーザー
・立水栓
・ボックス水栓
・給水管
・雨水管　など

※1　同じ火気でも裸火を扱うガスレンジと比べれば、IHクッキングヒーターの危険度はまだ低いため、凶方位にあるガスレンジを緊急避難的にIHクッキングヒーターに変えるだけでも、凶相をいくらかでも減らす効果がある
※2　ただし、いつもつけ置き洗いをしているような場合は、不浄物として扱う可能性も出てくる

家族の十二支方位も重要になります

るときには北東と南東の鬼門に加えて、家族の十二支方位を見る「二十四山方位盤」も併せて使用することになります。

十二支方位は健康と関係が深い

十二支方位は、家族の生まれ年によって決まる個人的な方位です。たとえば子年の人は北の中心15度の範囲、丑年の人は北北東の15度の範囲といった風に定位が振り分けられています。

十二支方位はその家に住む人たちの健康面に影響するため、この十二支方位を無視してしまうと、他の家族には影響がなくても、1人にだけ影響が出てしまうということがあり得るのです。

玄関の位置

一般的な玄関・門扉の凶相ポイント

1. 北方位の玄関は家族に病気が多く凶相
2. 西方位の玄関は家運を落とすので凶相
3. 玄関は東南巽方位に配置しなければいけない
4. 玄関扉を南向き以外に設置すると凶相
5. 玄関を中心に家の構えが左右対称でなければいけない
6. どの方位の玄関でも吉相の張り［※］を設けなければいけない
7. 玄関扉を道路に並行に配置しないと凶相

※建物１辺の見付長さの１／３までの出っ張り

家相建築でのポイント

1. 玄関・門扉は表・裏鬼門に配置しない
2. 家族の十二支方位に配置しない
3. 玄関扉は正中線・四隅線に配置しない

玄関の方位で家の動線が決まる

家の構えと同じく大事なのが、家の顔とも言える玄関の位置です。玄関の配置は家相の良い家づくりでもっとも大切な工程。玄関の方位や位置によって、家の動線が決まりますので、慎重に考えたいものです。

家相学上、玄関の範囲は土間であるたたきの部分を指します。基本的にはこの部分と玄関扉の方位で吉凶を判断します。

鬼門や家族の十二支方位は避けて配置する

玄関を配置するうえでもっとも注意したいのは、建物の中心からみて北東の表鬼門と南西の裏鬼門を避けること。

また家族の十二支方位も避ける必要があります。さらに玄関扉は東西・南北の中心を貫く正中線や、東南と北西を貫く四隅線をまたがないようにすることも大切です。

この他にも玄関を配置するにあたっては、いろいろと言われていますが、特に気にすることはありません。鬼門と十二支方位、正中線などに注意して下さい。

火気・水回りの位置

1 鬼門方位にトイレやガスコンロを配置しない

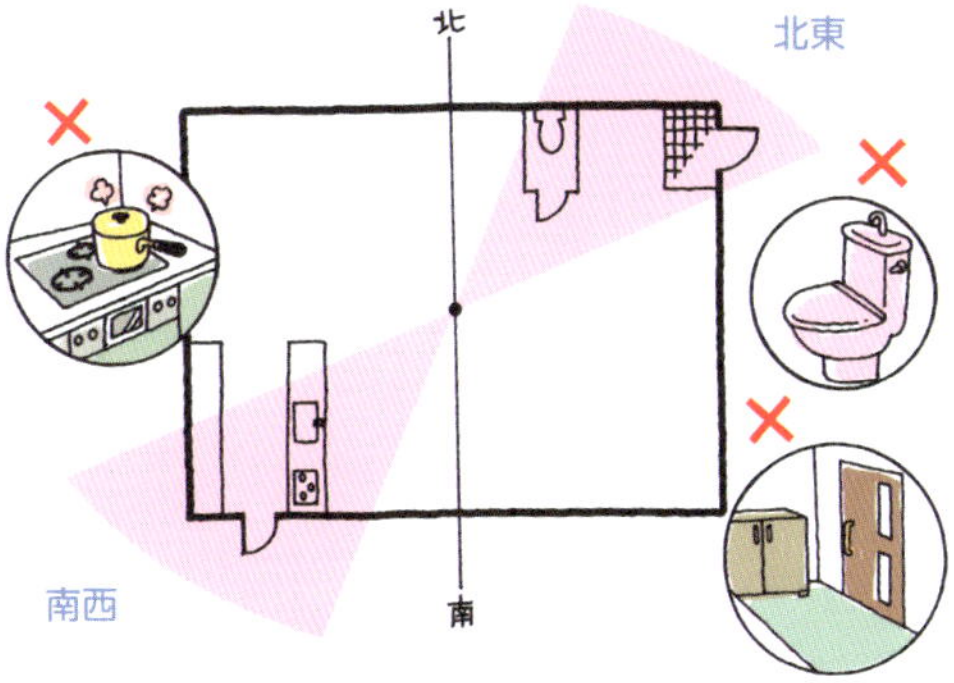

北東の表鬼門、南西の裏鬼門は特に気を付けなければならない方位です。この方位にトイレやガスコンロなどを置かないようにしましょう。

2 個人の干支に注意

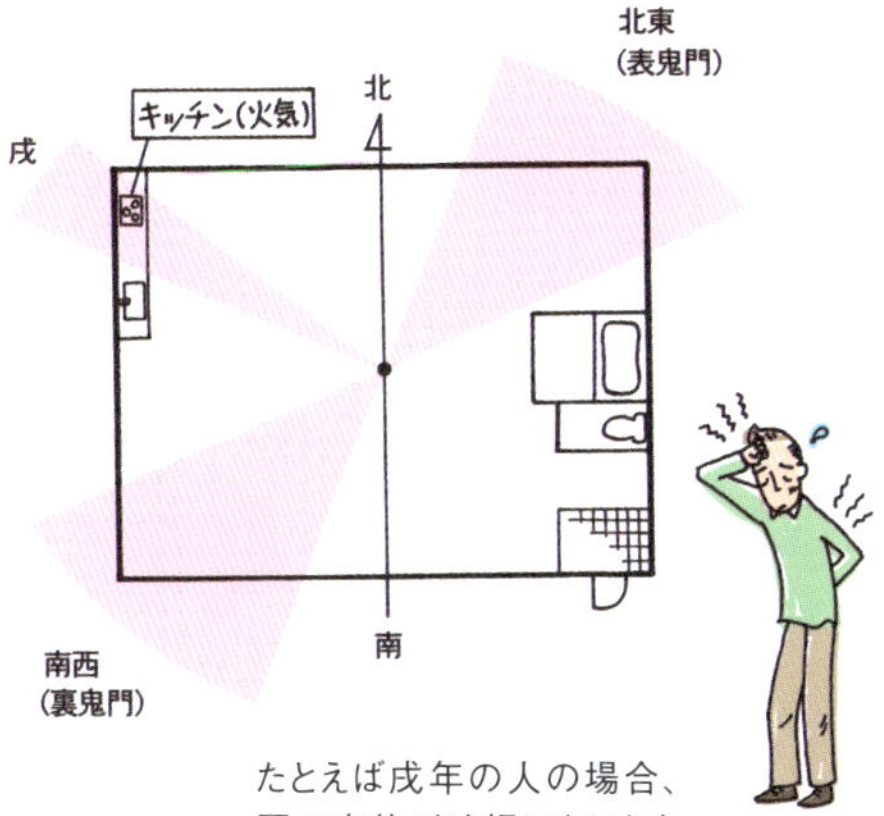

たとえば戌年の人の場合、図の方位が凶相になります

3 汚水管は最短距離で外に出す

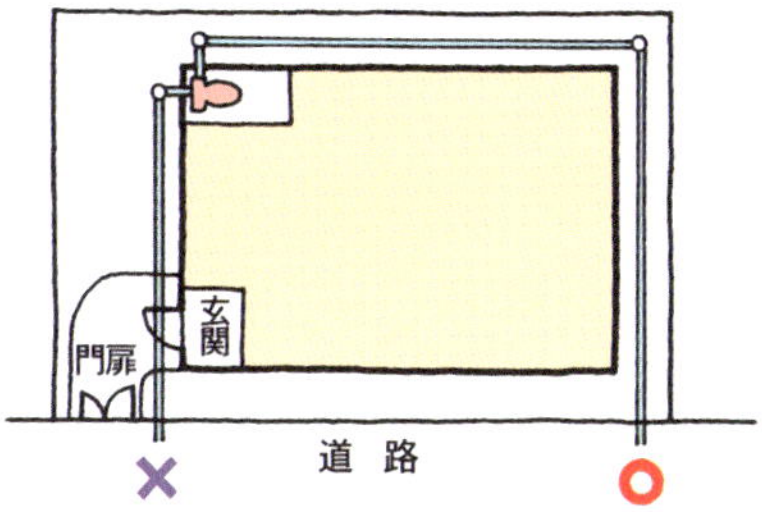

汚水管は鬼門を含めてどの方位に設置しても凶相にはなりません。ただし最短距離で外に出し、玄関前を横切らせないようにしましょう。

家相で最も重要なのが不浄物の扱い

火気や水回りなどの「不浄物」の配置も、とても大切です。火気はガスコンロなど、水回りはトイレ・シンク・浴室の浴槽・浄化槽などを指します。

そもそも火気が不浄物とされるのは、煙を出し、空気を汚すと考えられているから。このため同じ火気でも、ＩＨヒーターなどはガスコンロよりは無難とされています。

また、水回りが不浄とされるのは、水は滞ることによって腐敗を呼ぶと考えられているためです。特に気を付けなければいけないのは、トイレの配置。昔は汲み取り式トイレで衛生状態が悪く、病気が絶えなかったことが影響しています。

これらの不浄物は、北東の表鬼門や南西の裏鬼門、家族の十二支方位、家の中心などに配置すると凶相とされています。これらの方位を避けた間取りを考えましょう。

また、普段は目にしない汚水管も不浄物です。家の下に不浄物があること自体良しとされないため、汚水管は最短距離で家から外に出せるよう工夫しましょう。この際、汚水管が、玄関と門扉の間を横切ることのないよう注意してください。

通風・採光は常に優先事項

住宅環境学に基づく家相の家づくり

家相は、方位学や易学だけでなく、住環境学にも基づいています。これは、人がいかに心地よく暮らすことができるのかを考えている学問です。人が快適に暮らすために家相建築でもっとも大切にされているものは、「採光」と「通風」です。そこで、方位だけでなく、これら2つが十分に確保できる間取りを考えることも重要になります。

たとえどんなに素敵な家でも、まったく日が当たらなければ気分が落ち込み、健康的な暮らしを営むことはできません。また、風がまったく通らない家では、風呂場にカビが生えたり、家の空気がよどんだりと、身体の面でも気持ちの面でも住環境を悪化させることになってしまいます。

家相だけ良い家づくり＝住み心地のよい家ではない

家相を取り入れた家づくりをしようとする人にありがちなのが、家相の良い間取りにすることを気にしすぎること。間取りを気にするあまり、快適な家づくりにもっとも重要である採光や通風をおろそかにしてしまっては元も子もありません。

確かに家相の基本は、建物の構えと玄関の方位、ガスレンジなどの火気やトイレなどの水回りの配置です。しかし、それを気にするあまり、日が当たらない場所にリビングを設けてしまったり、風通しが悪くなってしまったりしては、住み心地も良いとはいえず、もはや吉相の家とはいえません。家相建築の目的は、家相の良い家を作ることではありません。家族が住みやすい家をつくることが最大の目的だと忘れないようにしたいものです。

通風や採光をよくするには土地選びも大切

通風や採光が良い家を建てるためには、家を建てる土地も重要な要素といえます。たとえば62Pで紹介するように、すり鉢状の底にあるような土地は避けた方が良いでしょう。すり鉢状の土地は周囲よりも土地が低いため、水が溜まるうえ、風が遮られてしまう可能性があります。

家相だけでなく
地相も
大切なのね

吉相の家を建てる為には通風、採光も大切

人が快適に暮らすために必要なのは、採光と通風。活用できるものは積極的に活用し、日当たりと風通しの良い家づくりをしよう。

日当たりの良さは気持ちを明るくする。積極的に窓やトップライトを活用して光を家に取り込もう。特に、朝日は心身共に良い影響を与える。

家を建てる土地も快適に暮らせる家づくりのために重要な要素。地面からの湿気は、床下に炭を埋めることで防ぐこともできる。

また、北斜面の土地などに家を建ててしまうと、南側が遮られてしまうため、どうしても日当たりは悪くなってしまいます。採光を確保するために、2階にリビングを設けたり、2階建ての場合はできるだけ南側の敷地を空けたりするなどの工夫は考えられます。しかし、いずれも根本的な解決とはいいがたいでしょう。土地の値段や交通利便性など、たとえどんなに他の条件が良かったとしても、日当たりと風通しが十分に確保できないような土地は避けた方が良いでしょう。

家に使う素材でも快適さが変わる

家の風通しを良くするためには、使う建築素材を工夫する方法もあります。たとえば、床下に炭を埋めることで地面からくる湿気を防ぐことができます。他にも、壁を漆喰や珪藻土といった吸湿性がある素材で塗ることや、無垢の木材などを使用することでも、家の中の湿気を防ぐことができます。必要に応じてこれらの素材を活用し、風通しの良い家づくりをしましょう。

家相の基本 4

他にもある注意点 基礎、車庫、井戸

車は不浄物 ビルトインの駐車場は避けて

車は排気ガスを出すため、家相上では不浄物とみなされます。当然、車を収める車庫にも十分な配慮が必要になります。

基本的に、車庫と家の間の距離はできる限り離しましょう。最低でも2ｍ以上離すのが良いでしょう。また、家から見て表鬼門にあたる北東、裏鬼門にあたる南西に車庫を配置するのは凶相になります。

車庫にはさまざまなタイプがありますが、もっとも避けたいのは、建物の一部を車庫として使うビルトインタイプ。これはどんな方位であっても凶相です。特に、ビルトインタイプの車庫の真上に子ども部屋があたってしまうような場合は、大凶相となりますので避けてください。

逆に、もっとも無難とされるのが、土地の傾斜を利用し、建物の下を削って車庫として使う埋め込みタイプ。車庫と建物の間に土があるとなお良いのですが、難しい場合は、車庫の上に建物の基礎が直接連結しても大丈夫です。

門扉の外に車庫を配置できるときは、自宅の建物と車庫を別の敷地として仕切る効果があるため、車庫が鬼門方位にあたってもマイナスを軽減することができ、無難とされます。

基礎は建物の基本 地盤とともに重視しよう

建物の建つ土台となる基礎も、家相の良い家づくりでは重要な要素の1つ。現在の建築基準法では禁止されてしまっていますが、家相では長らくコンクリートを流し込まず、土地が呼吸できる構造を保つ「布基礎」が良いとされてきました。現在の基本は建物の下一面にコンクリートを敷き詰める「べた基礎」ですが、保証の範囲内で、土地の息抜きの穴を設けるなどで、呼吸による土地のエネルギーを受け取ることが可能です。工務店などに事前に相談してみるのが良いでしょう。（詳しくはP77参照）

地盤も同様に、不同沈下が起こらないような、軟弱でない地盤であることが大切です。恵まれた地盤の上に、土地の呼吸を妨げない基礎を築くことが、吉相の家のための理想といえます。

敷地内の神社は できるかぎり移動しない

現在でも、敷地内に神様を祀っている家はあります。ここで気をつけたいのは、敷地内の神社は、1度祀った場所から動かしてはいけないことです。建物を建てるときは、できるかぎり敷地内の神社を動かさない方法を考えましょう。どうしても動かしたいという場合は、神主さんと相談し、丁寧に神事を執り行ってから動かします。間違っても、勝手に移動することのないようにしてください。

凶方位の井戸は 良土で埋める

井戸も注意したいポイントになります。井戸に適切な方位は建物の中心から見て東、東南、北西。もしもこれ以外の方位にある場合は、神主さんに神事を執り行って

こんなところにも注意したい

ビルトインタイプの駐車場は凶相

不浄物である車を収める車庫の中でも、もっとも凶相なのが、建物の一部を車庫として使うビルトインタイプ。特に、車庫の上を子ども部屋にするのは大凶相だ。

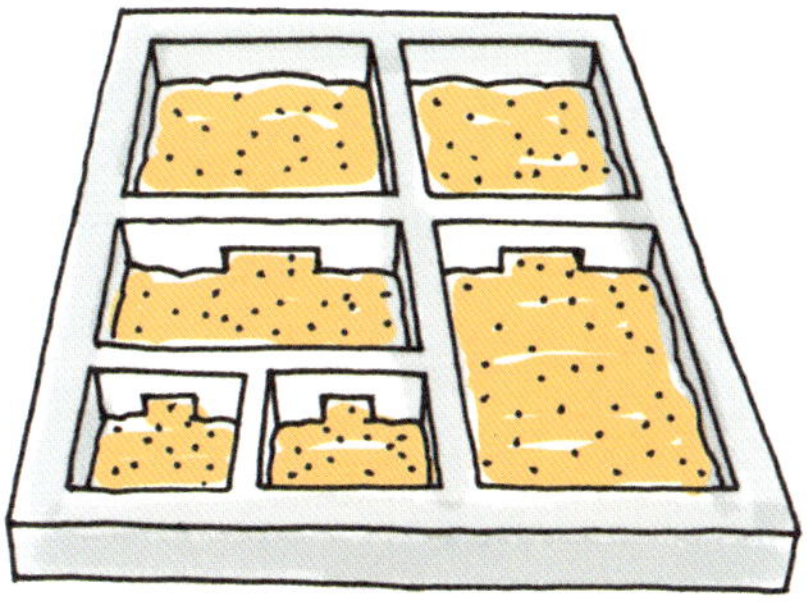

布基礎

土地のエネルギーを引き出す基礎が大事

土地のエネルギーは家相の良い家造りでは欠かせない要素。「べた基礎」でも呼吸ができるように、保証の範囲の中で息抜きの穴を開けて、土地の呼吸を妨げないようにしよう。

もらい、山土や砂利などの良土で埋めましょう。

水が枯れていた場合は埋め戻した後にすぐに建物を建てて構いません。しかし、水が枯れていない場合は、少なくも埋め戻した後1年間は、その土地に建物を建てることができません。

井戸は、専門的な処理が必要な場合もあります。心配なときは専門家に相談し、対策を考えてもらうと良いでしょう。

こんなところも
注意すべき
ポイントなんだね

十干・十二支・九星方位早見表

一白水星	二黒土星	三碧木星	四緑木星	五黄土星	六白金星	七赤金星	八白土星	九紫火星
大正7年生 戊午	大正6年生 丁巳	大正5年生 丙辰	大正4年生 乙卯	大正3年生 甲寅	大正2年生 癸丑	大正元年生 壬子	明治44年生 辛亥	明治43年生 庚戌
昭和2年生 丁卯	昭和元年生 丙寅	大正14年生 乙丑	大正13年生 甲子	大正12年生 癸亥	大正11年生 壬戌	大正10年生 辛酉	大正9年生 庚申	大正8年生 己未
昭和11年生 丙子	昭和10年生 乙亥	昭和9年生 甲戌	昭和8年生 癸酉	昭和7年生 壬申	昭和6年生 辛未	昭和5年生 庚午	昭和4年生 己巳	昭和3年生 戊辰
昭和20年生 乙酉	昭和19年生 甲申	昭和18年生 癸未	昭和17年生 壬午	昭和16年生 辛巳	昭和15年生 庚辰	昭和14年生 己卯	昭和13年生 戊寅	昭和12年生 丁丑
昭和29年生 甲午	昭和28年生 癸巳	昭和27年生 壬辰	昭和26年生 辛卯	昭和25年生 庚寅	昭和24年生 己丑	昭和23年生 戊子	昭和22年生 丁亥	昭和21年生 丙戌
昭和38年生 癸卯	昭和37年生 壬寅	昭和36年生 辛丑	昭和35年生 庚子	昭和34年生 己亥	昭和33年生 戊戌	昭和32年生 丁酉	昭和31年生 丙申	昭和30年生 乙未
昭和47年生 壬子	昭和46年生 辛亥	昭和45年生 庚戌	昭和44年生 己酉	昭和43年生 戊申	昭和42年生 丁未	昭和41年生 丙午	昭和40年生 乙巳	昭和39年生 甲辰
昭和56年生 辛酉	昭和55年生 庚申	昭和54年生 己未	昭和53年生 戊午	昭和52年生 丁巳	昭和51年生 丙辰	昭和50年生 乙卯	昭和49年生 甲寅	昭和48年生 癸丑
平成2年生 庚午	平成元年生 己巳	昭和63年生 戊辰	昭和62年生 丁卯	昭和61年生 丙寅	昭和60年生 乙丑	昭和59年生 甲子	昭和58年生 癸亥	昭和57年生 壬戌
平成11年生 己卯	平成10年生 戊寅	平成9年生 丁丑	平成8年生 丙子	平成7年生 乙亥	平成6年生 甲戌	平成5年生 癸酉	平成4年生 壬申	平成3年生 辛未
平成20年生 戊子	平成19年生 丁亥	平成18年生 丙戌	平成17年生 乙酉	平成16年生 甲申	平成15年生 癸未	平成14年生 壬午	平成13年生 辛巳	平成12年生 庚辰
平成29年生 丁酉	平成28年生 丙申	平成27年生 乙未	平成26年生 甲午	平成25年生 癸巳	平成24年生 壬辰	平成23年生 辛卯	平成22年生 庚寅	平成21年生 己丑
令和08年生 丙午	令和07年生 乙巳	令和06年生 甲辰	令和05年生 癸卯	令和04年生 壬寅	令和03年生 辛丑	令和02年生 庚子	令和元年生 乙亥	平成30年生 戊戌

※生年月日は立春（2月4日ごろ）を基準にする。

第3章

良い土地選びのコツをチェックしよう

幸せを呼び込む家を建てるのであれば、当然、そのベースとなる土地自体が、吉相の土地であることが大切になります。いくら良い家を建てても、建っている土地が悪ければ、逆に悪いパワーを呼びこんでしまうことも。

CONTENTS

第3章 良い土地選びのコツをチェックしよう

良い家を建てるためには、土地選びも大切です。ここでは吉相の土地の選び方についてチェックしていきましょう

1 土地が吉相なら吉相の家の条件が整う

家に家相があるように土地には地相がある

家を建てるとき、家相と同じように気をつけなくてはいけないポイントがあります。それが、土地の性質をあらわす「地相」です。人は土地のエネルギーを受けて暮らしているというのが家相の考え方。このため、家相建築では土地をすべてコンクリートでふさいでしまうベタ基礎はあまり良くないとされており、一部でも土を露出させる工夫が必要とされています。土地は家にとって土台のようなものです。地相が良い土地からは良いエネルギーがもらえるため、吉相の家を建てやすくなります。一方でいくら家相にこだわった家でも、地相が悪い土地の上に建ててしまったのでは、吉相の家とはいえません。家相のいい家を建てるためには、土地選びがとても重要な要素といえるのです。

土地の吉凶を判断するには、いくつか見るポイントがあります。

まず、道路と土地の関係です。たとえば、鬼門方位に道路がある土地や、土地の周囲三方向を道路に囲まれている土地は、凶相とされます。道路の一直線上に家の正面がくる「どんたくの土地」も、避けたほうが無難でしょう。

次に、土地の高低も見るべきポイントです。土地が低く水が溜まりやすいすり鉢状の底にあたる土地は、良い土地とはいえません。また、北側が斜面になった土地も、日当たりが悪いことから、避けたほうが良いとされています。

家相と地相両方
チェックするの
が良いんだね

吉相の土地からは良いエネルギーがもらえる

吉相の土地

凶相の土地

吉相の土地は

良いエネルギーを放っているため、吉相の家が建てやすく、その家に住む家族にも良い影響を与えてくれる。

凶相の土地は

マイナスのエネルギーを持っているため、そこで暮らす家族にも良くない影響を与えてしまう可能性がある。

家相が良い家を
建てるためには
地相の良い土地が
必須です。

地盤の強さも、地盤が揺らぐとその上に建つ家も揺らいでしまうため、重要です。たとえば、もとが田んぼや沼地だった地盤の弱い土地は、水の溜まりやすさや安全性の問題から、家を建てるには向かない土地といえます。

この他にも気をつけたいことは、土地の形です。理想的な土地の形は、「張り」・「欠け」の少ない単純な形ということができます。逆に、三角形の土地は好ましくありません。

次ページより、どのような土地を選べば良いのか、具体的に見ていきましょう。

2 吉相の土地は「道路」「傾斜」「地相」がポイント

道路との関係

土地と道路の関係は地相の重要な要素

土地の吉相に関わるポイントはいくつかありますが、中でも重要なのが道路と敷地との関係です。道路は土地に血液を運ぶ血管のようなもの。ですから、道路が土地にきちんと面していないと、土地に悪影響を及ぼすことになりかねません。また、道路は土地の吉凶を区切るボーダーラインともいえます。道路を挟んで向かい側のブロックにはとてもよい気を感じるのに、反対側のブロックの土地は重たくて沈んだような感じを受けるなど、道路が分岐点となっていることも多いのです。

まず避けたいのは、「鬼門道路の土地」と呼ばれる、鬼門側に道路がある土地です。家相では、鬼門方向に玄関を作ることを凶相としているため、鬼門道路の土地ではどうしても、玄関や門扉の配置が難しくなってしまいます。鬼門道路の土地に家を建てる必要があるなら、建物の間を狭くすることで鬼門から出入りしないで済むようにするなど、何らかの対策が必要です。

ちなみに不動産業界でも人気が高く値段も高めに設定されている「東南の角地」は、家相上でもやはり吉相となります。一方で、土地の回り三方向を道路に囲まれた「三方道路の土地」は、道路の方位に関わらず、家相上は凶相とされています。この場合は3方向のうち1つの道路に面した部分に植栽をして、道路と敷地の間を仕切るというのも、対処法の1つです。

ただし、四方を道路に囲まれた「四方道路の土地」は、二方向の道路を塀や植栽などで遮断しても、凶相であることには変わらないので、できるだけ避けるようにしてください。

また、家の真正面と道路がつきあたる「どんたくの土地」も家相上は凶相です。ただし、家と道路を真っ直ぐにつながず、アプローチをつくって迂回させるか、道路の突き当たっている部分に建物がかからないようにする対処方法もあります。

道路も吉凶に
関係するのね

凶相の区画と対処法

1
鬼門方位に道路がある区画→玄関と門扉は必ず避ける

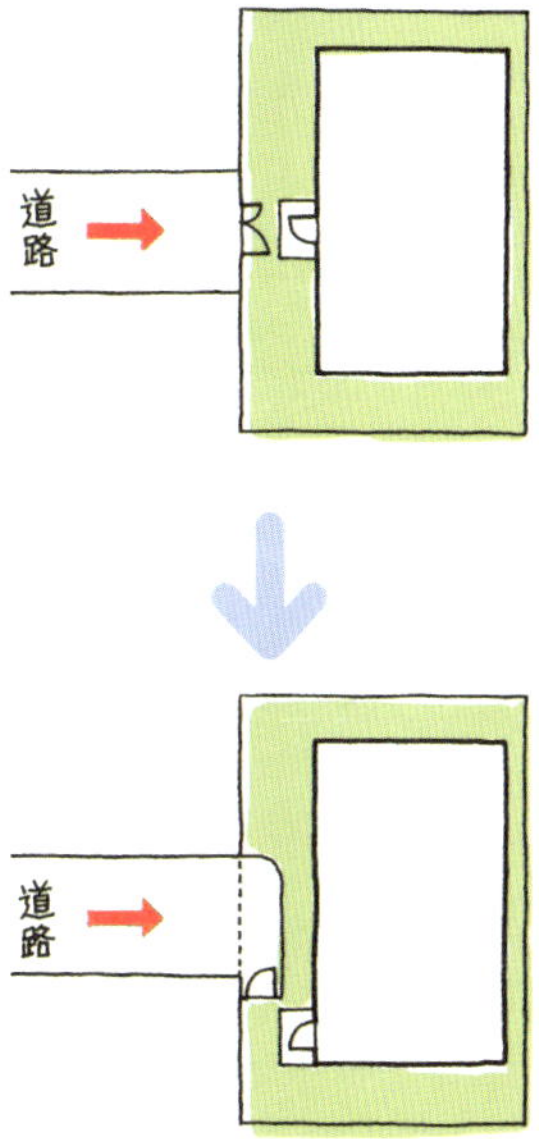

南西の裏鬼門に道路があるため、玄関と門扉を南西から外し、鬼門からの出入りを避ける。道路との間にはフェンスを立てる。

2
三方道路の土地→道路の1本を遮断し、ないものとして設計する

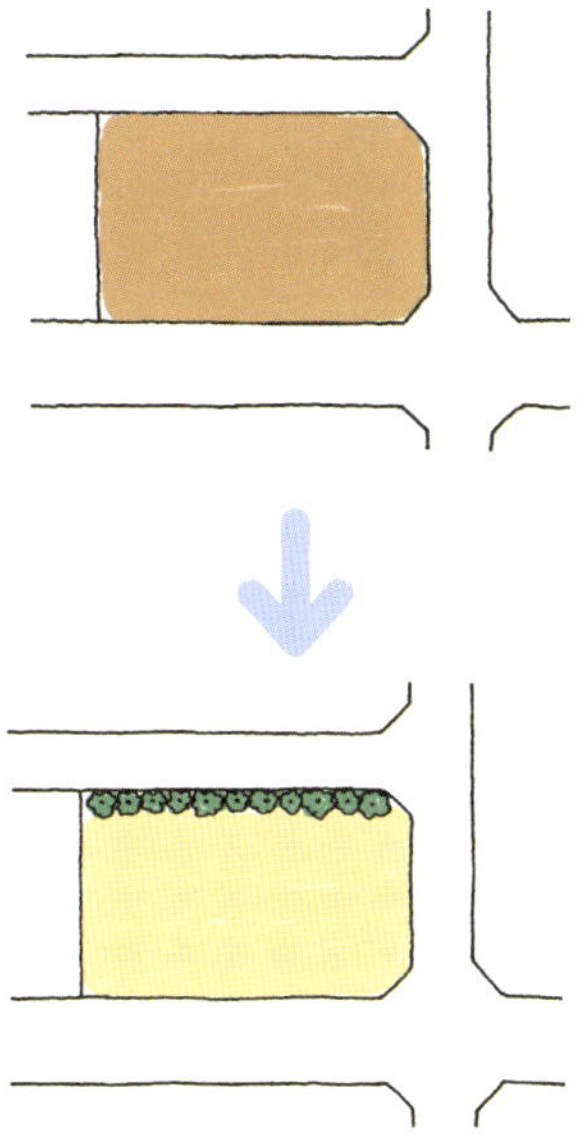

三方を道路に囲まれた土地は凶相。一辺を植栽でふさぎ、角地にする。下図の場合は、北をふさぐのが一般的。

3
どんたくの土地→門扉から玄関へのアプローチをストレートにしない

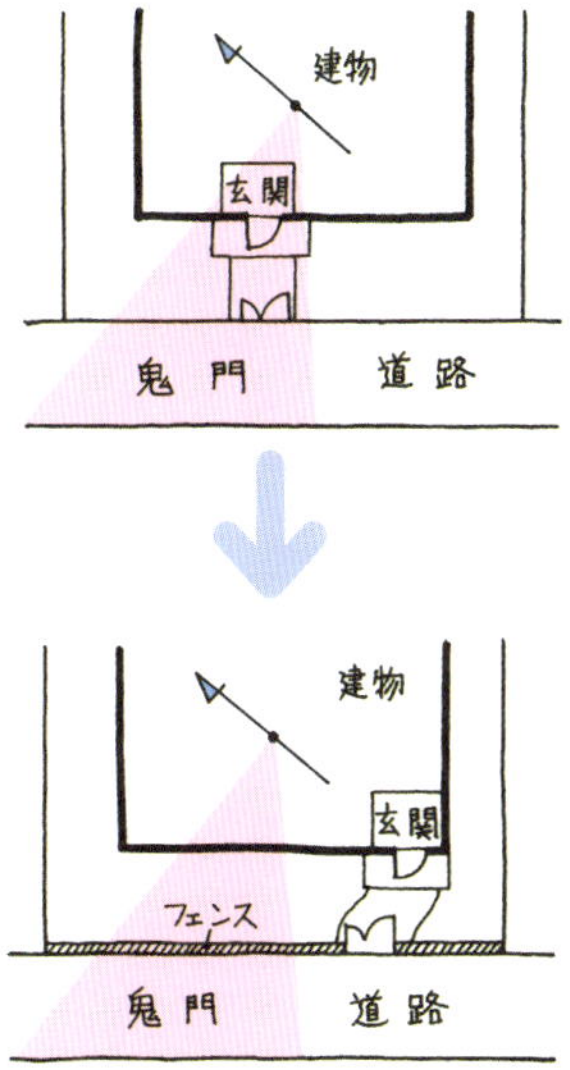

道路と玄関が一直線になっているどんたくの土地は、門扉と玄関の両方を道路からずらし、凶相を避ける。

●こんなに違う！道路がある方角で変わる採光

道路の方角によって変わる採光の違いは、以下の表のようになる。

また、公道に面していない敷地は、住まいとしての機能が不十分になってしまうので、注意しよう。

1 北道路	北道路なので、北風をまともに受けてしまう。家の東・南側の日当たりこそよくないものの、プライバシーは確保しやすい。西日も避けられる。
2 北東道路	午前中に陽射しがよく入り込む。ただし、南側にスペースが取れない場合は、午後には光が入り込まなくなり、寒い建物になる。
3 東南道路	東と南側に道路があるため、日光が十分に差し込む。西日や風は遮られるが、敷地が狭いと隣家から中が見え、プライバシーが確保しづらい一面も。
4 南道路	南道路なので日当たりは良好で、西日や北風も隣家で遮られる。
5 南西道路	夏場は西日のために暑くなるなど、住みづらい建物になりやすい。
6 北西道路	東と南のプライバシーは確保できるものの、西日が差し込んだり、北風が吹き付けるなど、寒い家になってしまう。

敷地の高低も吉凶を分ける

凹んだ場所にある土地はなるべく避ける

土地の高低というのも、地相を決めるうえで重要なポイントといえます。道路に対して、その土地が高い位置にあるのか、低い位置にあるのか、また隣地に対してその土地が高い位置にあるのか、低い位置にあるのか、その土地から見た時に周辺がどういう高低になっているのか、ということは、採光や通風に影響する重要な要素といえます。土地の高低は、その場に立ってもすぐにはわからないケースもありますので、事前にしっかり調べるようにしておきましょう。

家相学上で避けたいとされるのは、水が溜まりやすい土地です。なぜなら、水は溜まると滞り、不浄だとされているからです。さらに、水が溜まるということは、湿気などに悩まされる可能性があるということでもあります。また、近くに川や海がある土地の場合は、水害などのリスクもあります。

具体的には、周囲より低くなったすり鉢状の底になっている土地は、水が溜まりやすいために避けたほうが良いといわれています。どうしてもそのような土地に家を建てることになってしまった場合は、高さ制限を超えない程度にできるだけ基礎を高くするなど、敷地の高低の影響を受けないような建て方を考えましょう。

反対に、周囲より高く八方が下がった土地の地相は良いといえます。八方下がりの土地に家を建てる場合は、斜面に階段や通路を確保しなければならないため、一般的にはあまり好まれないかもしれませんが、地相の観点からは検討に値する吉相の土地です。

斜面に建てるなら方位に気をつけて

他にも避けたいのは、北側が斜面になった土地です。北斜面は基本的に南が高いため、南からの採光が取れないことになります。南側の日当たりが悪い場合は、1階にリビングがあると採光が取れないことになってしまいますので、日当たり優先で2階にリビングを配置するというのも有力な選択肢です。また、できる限り南を広く取れるような間取りができるかどうかもポイントといえます。土地の広さに余裕があるようなら、北側斜線制限ギリギリまで建物を北に寄せ、南側を空けることで採光を取るというのも1つの対処法といえます。

西側斜面の土地も北斜面の土地と同様に、採光が取りづらいという点で好ましくありません。朝日が入りづらく、強い西日に悩まされるからです。避けたほうが無難ですが、もしも西側斜面に建てる場合は、ブラインドや遮熱ガラスで西日を防ぐ工夫をしましょう。

すり鉢状の
土地や北斜面の
土地は
避けましょう

凶相の土地と対処法

1 すり鉢の底のような土地→盛土をして土地を上げる

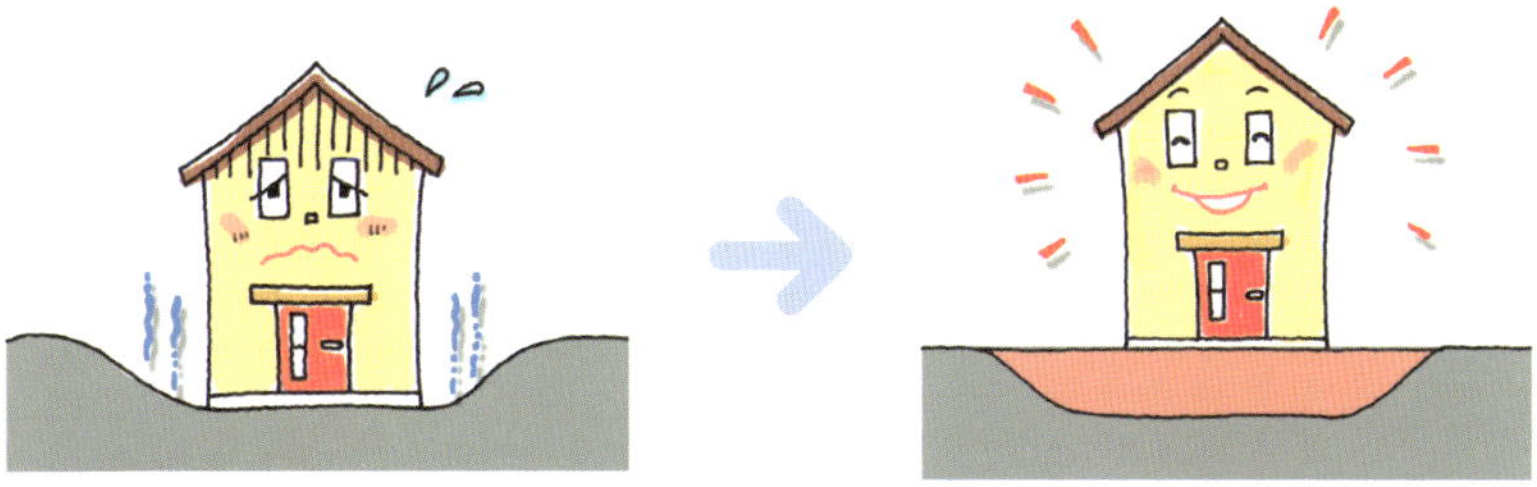

周囲より低くなったすり鉢状の土地は良い土地とはいえない。このような土地に建てる場合は、盛土をして周囲と高さを合わせることで対処できる。

GOOD!

八方下がりの土地は吉相の土地

反対に、周囲が低くなっている八方下がりの土地は吉相。斜面に階段や通路を作る必要があるためあまり好まれないこともあるが、検討する価値あり。

2 北斜面にある土地→2階リビングにする手もあり

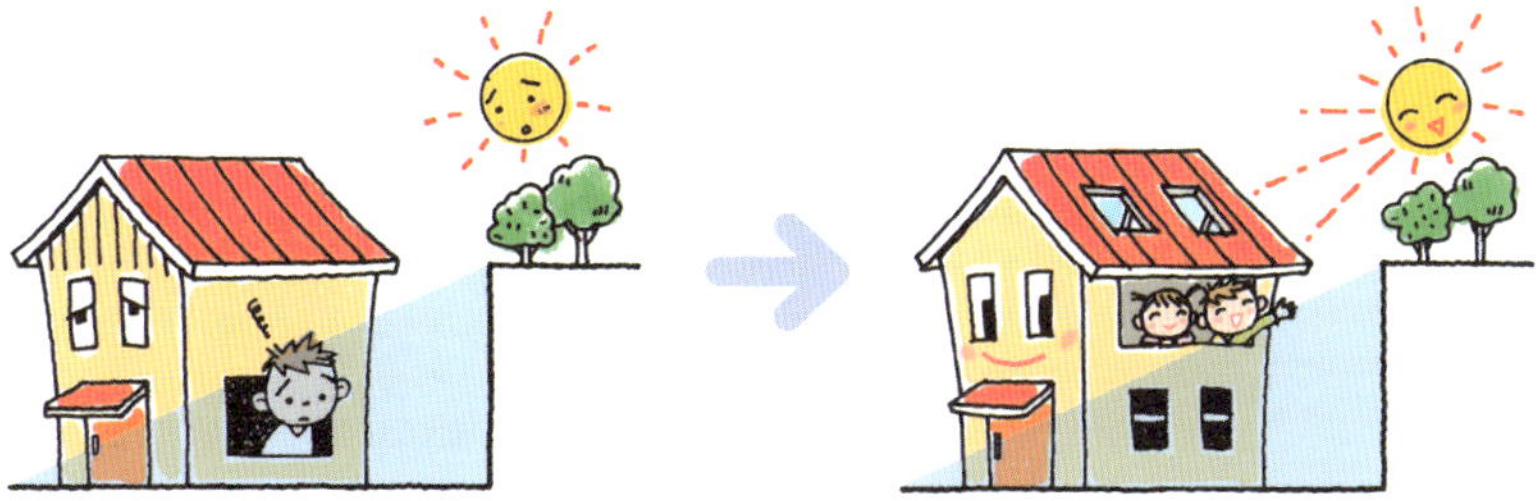

北側が斜面になった土地は、南からの日光が遮られてしまう。暗い1階ではなく、2階にリビングを配置するなどして、採光が取れる工夫をしよう。

3 西斜面にある土地→西日を防ぐ工夫が必要

西側が斜面になった土地は、朝日が入らず、強い西日に悩むことになる。西日は、ブラインドや遮熱ガラスで軽減することができる。

地盤もチェックしよう

田んぼや沼地だった土地は水が溜まりやすい

土地は家を建てる土台でもあります。このため、地盤がしっかりしているかどうかも重要なポイント。今は更地になっていても、その土地が以前どのように使われていたかによっては、地盤の強さに問題がある可能性もあります。その土地について知るためには、まず現地に赴き、近所に住んでいる人の話を聞いてみることが大切です。

例えばもともと田んぼや沼地だった土地は、水が溜まりやすく、周りより低い場所にあることを意味します。「○○田」「○○谷」「○○沼」という地名が付いているところは、その可能性がありますので、しっかりと調べてください。

他にも池や沼などを埋め立てて造成した土地や、地下に水系がある土地、盛土を行なったことのある区画にも気をつけたほうが良いでしょう。池や沼を埋め立てで造成した土地は、もとから地盤が弱いため、建物の不同沈下などが懸念されます。

このため、基礎も軟弱地盤に対応した設計にされているのが一般的。このような対策がなされていなければ、安全性に問題が出てしまいます。また、地下に水系のある土地は、住んでいる間に水の流れが地盤に影響することがあるなど、調べなければ分からない地盤の要素はたくさんあります。

家を建てる前には必ず地盤調査を行い、地盤の強度は確認するように心がけましょう。

地盤対策だけでは吉相の家はできない

軟弱な地盤に対策をしていたとしても、家相上まったく無難とは言い切れません。もともと池や沼、田んぼであった土地を造成した土地は、畑にできるだけの豊かな土が少ない土地といえるのです。このようなマイナスの土地では土地のエネルギーを十分に受け取ることができず、人が暮らすためには適さない土地だといえます。

地盤に恵まれた土地選びが大切です。

●地名で分かる軟弱地盤

水辺の構造物の名のつく地名	船、橋、堀、堤など
水辺の構造物の名のつく地名	鷺、亀、鶴、鵜など
水辺の構造物の名のつく地名	蓮、浦、葦、芦など
元新田干拓地に多い地名	沖、浦、塩、浜など
谷のつく地名	谷戸、谷津、谷地など
田のつく地名	沼田、野田、宇田、部田、江田、牟田など

元田んぼや
埋立地は
避けた方が
いいんだね

こんな土地には注意が必要

1 もと田んぼ

そもそも水が貯まりやすい土地は田んぼだったケースが多い。地盤が弱いうえ、水が滞りやすいので、家相上は避けたい

2 埋立地

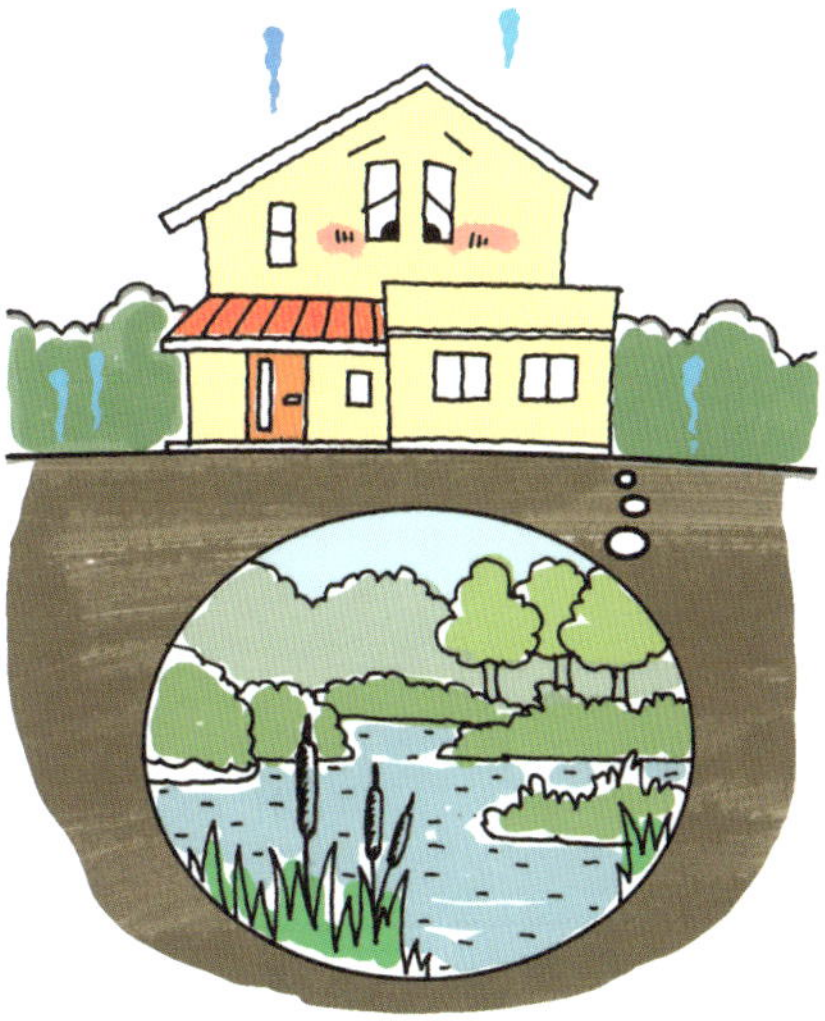

もともと池や沼だったところを埋め立てた土地は地盤が弱い。軟弱地盤に合った基礎づくりをするなど、対応が必要となる。

3 地下の水系

土地の下に水系があると、時間が経つにつれて地盤が動かされ、住宅が傾いてしまう。事前に立地を確認しよう。

4 盛土

区画の中に盛土がある場合は、地盤の耐久力が不安定になっている。なるべく古い地盤に建てるのが吉。

土地の形も重要な要素

理想的なのは整った長方形の土地

土地と道路の関係や、地盤の他にも気を付けたいのが、土地の形です。家相上建物の形は「構え」と言って、とても重要なポイント。本来建物は長方形であるべきという考え方から、「張り」・「欠け」は極力作らないのが理想とされています。

土地もこれと同じように長方形に近い整った形が最も理想的といえます。変形した土地は地形の整った長方形の土地にくらべて安く売り出されることが多いのですが、そもそも宅地としての使い勝手が良くないため、あまりおすすめはできません。特に土地の面積が小さい場合は、小さな変形でも全体に与える影響は大きくなるため、注意したいものです。

三角形の土地は凶相 居住に向かない

変形した土地の中でも、特に凶相とされるのが、三角形の土地です。商売などで使うには例外的に無難となるケースはありますが、居住用としては適さない土地といえるでしょう。中でも、最も凶相とされているのが、三角形の土地に三角形の家を建てることです。凶相の土地に建物の構えが悪い家を建ててしまうことになるため、マイナスの要素が重なり大凶相となってしまいます。また、三角形の土地に住むと精神が不安定になり、土地から離れにくくなるケースもあります。安価なことが多い三角形の土地ですが、なるべく購入しないことをおすすめします。

ただし、長方形や正方形の建物が無理なく建てられる広さがあれば、もし土地が三角形であっても気にしすぎる必要はありません。

土地のもつパワーを受け取る為に

変形した土地が家の構えに影響する例は、三角形の土地だけではありません。

たとえばＬ字形の土地のように、敷地に大きな「欠け」がある場合はマイナスです。このような変形の土地は、敷地を方形に区切ることでマイナスを和らげることができます。「欠け」の場所に家の張りを作って補うのも効果的でしょう。また、旗竿の土地は、「欠け」があるうえに、家の見通しが悪く、防犯面での不備があります。注意したほうが良いでしょう。

このように、家相学上で、土地のエネルギーを効率よく取り込むために、土地の形は非常に大切な要素です。土地がもつ本来のパワーを十分に受け取り、吉相の家づくりに役立てるためにも、しっかり考えて選ぶようにしましょう。

整った
長方形の土地が
もっとも
吉相です

凶相の土地と対処法

1 三角形の土地

三角形の土地は家相上凶相とされているので、なるべく避けよう。三角形の土地に三角形の家を建てるのは最も凶相。

植栽してできるだけ四角く整える

三角形の土地に家を建てる場合は、三角の鋭角部分に植栽することで、四角形の土地のように利用する工夫が必要となる。

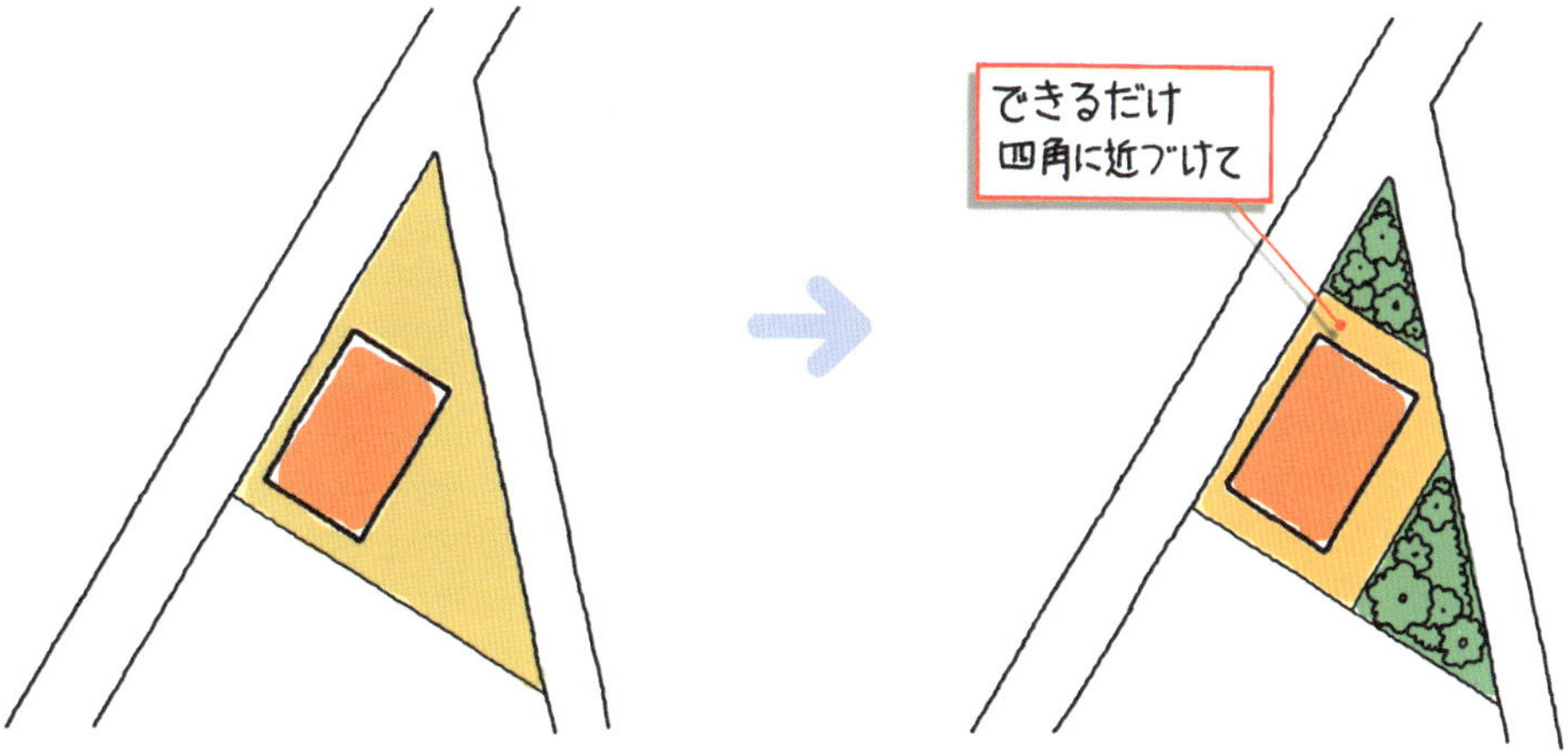

2 L字形の土地

三角形と同じく、L字形の土地も凶相とされる。門扉やフェンスで変形部分を区切ろう。

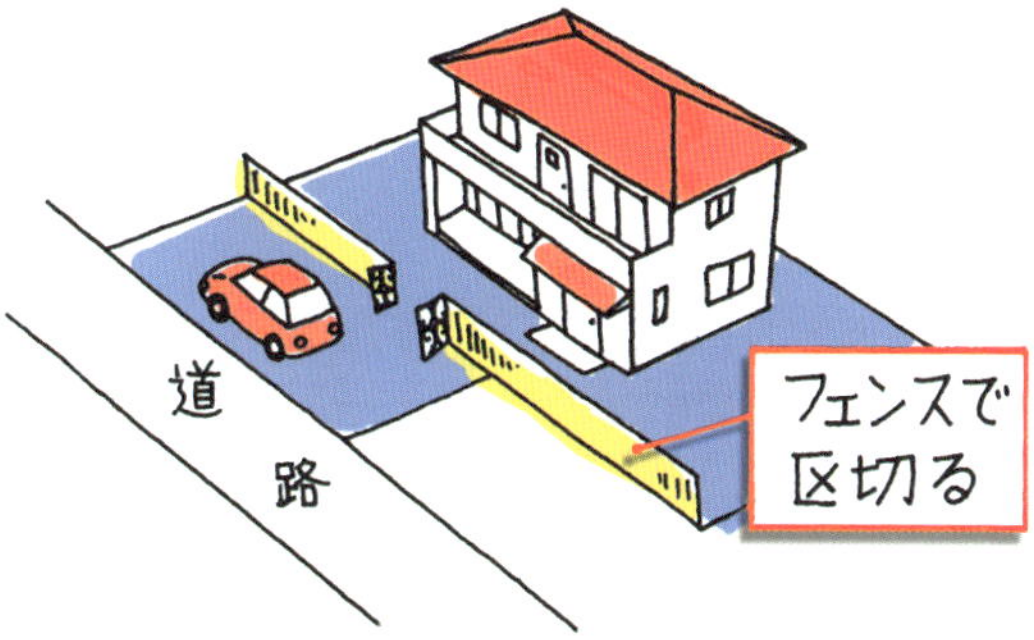

3 旗竿の土地

旗竿の土地は見通しが悪く防犯や事故の可能性がある。細い道と建物が一直線上にならないようにしよう。

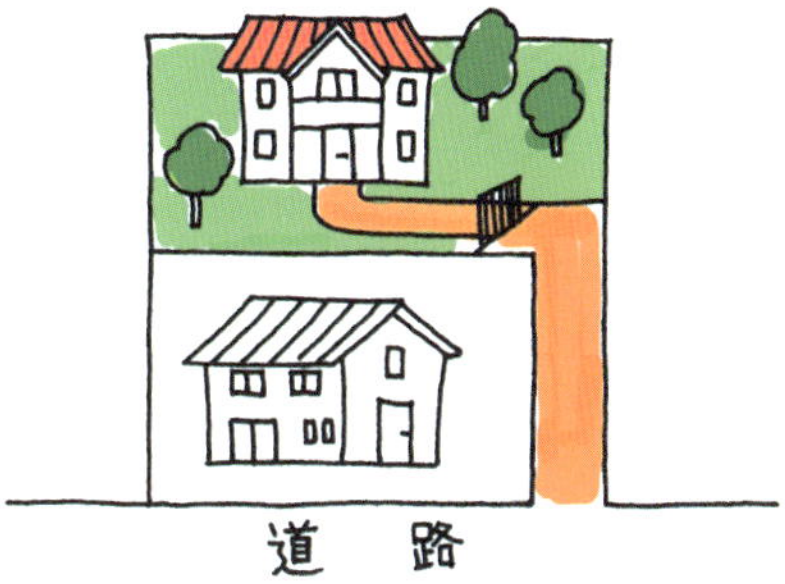

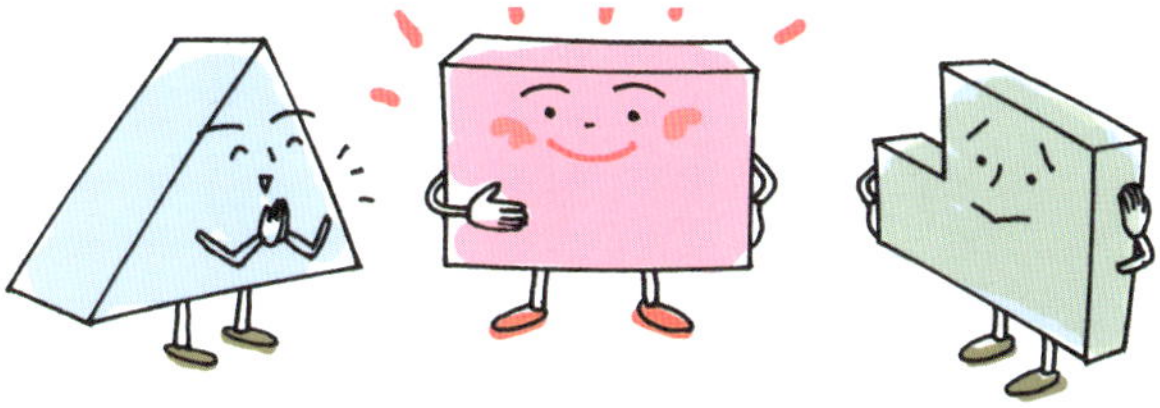

長方形の土地が◎

土地の由来もチェックしよう

土地の現状だけでなく過去も確認しよう

田んぼや沼地だった土地のほかに、神社やお寺だった土地、井戸があった土地は基本的に人が住むのには適しません。もともと人が住んではいけない土地だからこそ、このように神様が祀られ、人が住まないように工夫されてきたのです。このような土地に住まざるを得ないときは、神様に礼を尽くし、その土地をお借りするお願いをする必要があります。神社だった場所では、神様を招いているわけですから、その神様をもともとのところにお返しする必要があるのです。同じように、井戸も使わなくなったら感謝してお返しすることで、ようやく人が住めます。4章で触れる地鎮祭や上棟祭のように、神主さんを呼んだほうが良いでしょう。

　また、刑場や墓地、古戦場だったような土地もマイナスのエネルギーが滞留しているため、宅地には向きません。たとえ今はきれいな更地になっていたとしても、それだけで人が住める土地にはならないのです。

　土地を購入するときは、その土地の由来もしっかり把握しておかないと、あとで痛い目を見る羽目にもなりかねません。特に相場よりも安い値段で売りに出されている土地などには注意が必要です。不動産に出物はないということを理解し、自分でその土地の歴史を調べてみることが大切です。

土地の過去も確認しよう

現在は更地でも、過去古井戸があったり、神社だったような土地や、田んぼや畑だった土地は人が住むのに適さない。

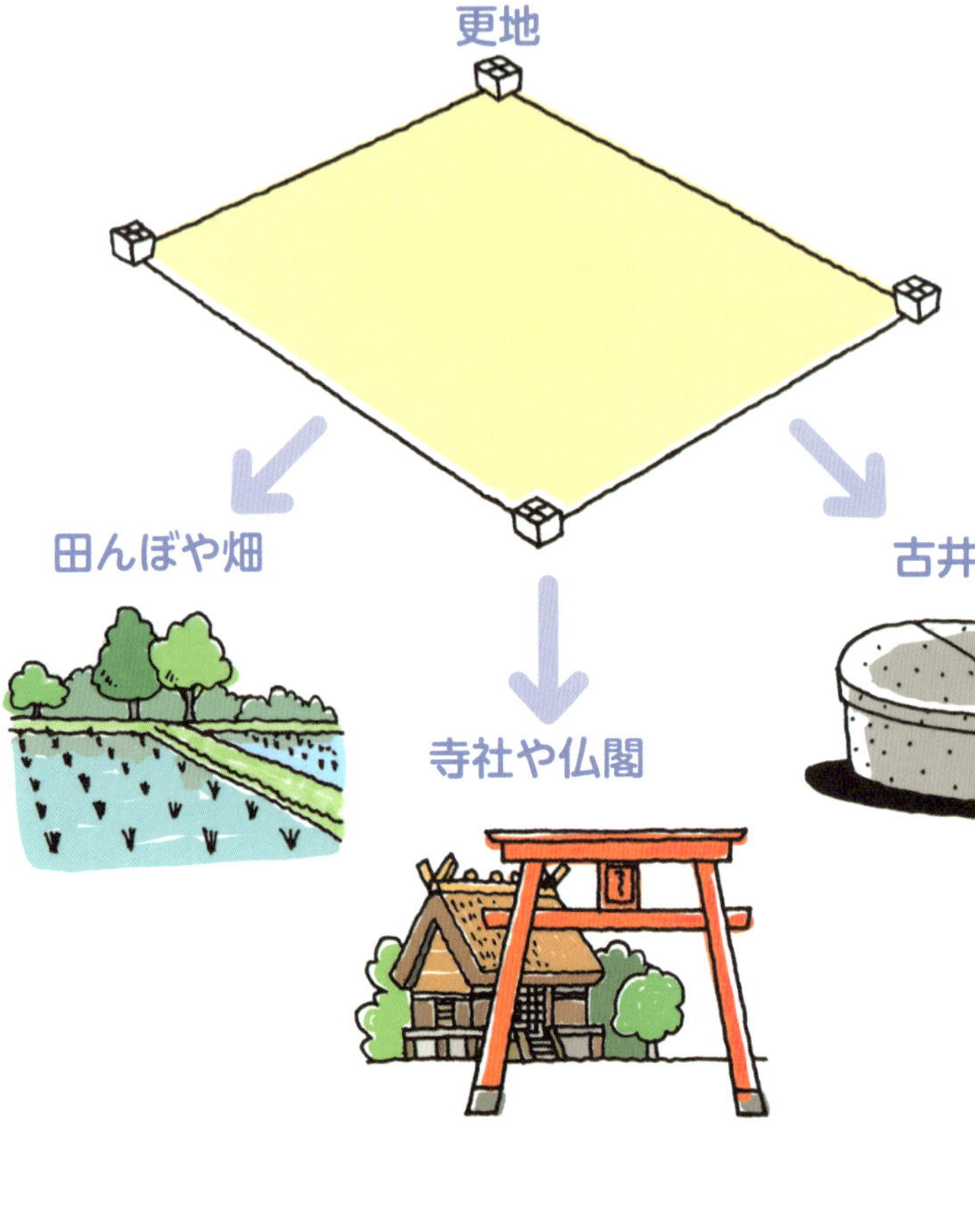

第4章

実例レポート 家相でHappyな家ができた!

家相は2000年以上前伝来している古い考え方。方位や不浄物に気をつけながら、
自然のパワーを取り入れて家を建てるのが基本です。
幸せに暮らすために、抑えておくべき家相のルールを知りましょう。

CONTENTS

家相の家づくりレポ

家相にこだわって 納得いく家が完成

ご夫婦で家相を取り入れた家を作り上げたMさん。
家相建築に出合ったきっかけから、
家が完成するまでの軌跡を伺ってみました。

■ **DATA**

設計　佐藤秀海
施工　（株）成島組
構造　木造2階建て
床面積
　1F　63.76㎡
　2F　53.83㎡
家族の干支
夫　うさぎ（乙卯　七赤）
妻　いぬ（庚戌　三碧）

実家の経験を経て家相に注目するように

Mさんご夫婦が家を建てることを考え始めたのは、2011年の9月頃。新たに家を建てるにあたり、家相を取り入れようと思ったのは、奥様の方だといいます。「実家が家を建てたんですが、4、5年もしないうちに雨漏りしたり、母が病気になったりして、何となく、家相が悪いのかなと思ったんです」。

もともと家相や風水に興味があった奥様。「せっかくなら家相にこだわった家を建てたい」とネットで専門家を検索し、佐藤秀海さんの家相建築設計事務所の門をたたくことに。事務所の場所を見ると、ご主人が通っていた太鼓教室のすぐそばだったこともあり、「これも何かの縁かもしれない」と、佐藤さんに設計を依頼することを決めたといいます。

限られた予算の中で最大限を目指した家づくり

家を建てるにあたって、佐藤さんから、「どう暮らしたいのか、どんな人生をおくりたいのか」をまず考えるように言われたMさんご夫婦。家づくりが、改めて自分たちの将来を考えるきっかけにもなったそう。こうして理想の家が見えてきたとき「お金がない中でも、できる限りの工夫をして、自分たちの理想の家を実現したい」という気持ちが強くなったといいます。

本当は職人が手作りしたドアなど、建具にお金をかけたかったところを我慢。その分、家の素材にはこだわり、塗り壁材にはご主人自らが探し出した「ダイアトーマス」という自然由来の素材を。またリビングの床には、奥州本桜の無垢材を使用。夢だった音楽室も作ることができました。

「家相を取り入れても工夫次第で希望通りの家ができるということを、皆さんにも知って欲しいですね」。

家ができるまでの流れ

2011年9月上旬	家を建てることを決意
10月上旬	佐藤秀海さんの事務所を訪問
12月中旬	第一回の建築プラン完成
2012年1月上旬	第二回の建築プラン完成
2月上旬	住宅ローンの事前審査
2月中旬	地鎮祭
4月中旬	上棟祭
7月中旬	残金決済
7月中旬	引渡し
7月下旬	入居

プラン作り

1階リビングへのこだわりを捨てて採光を取り入れた明るい家へ

建築プラン Before

Mさんのこだわりで1階リビングのプランを作成

当初、佐藤さんからは採光を考えた2階リビングのプランが提案されたが、1階リビングにこだわったMさんの要望を受けて、再度1階リビングのプランが出来上がった。

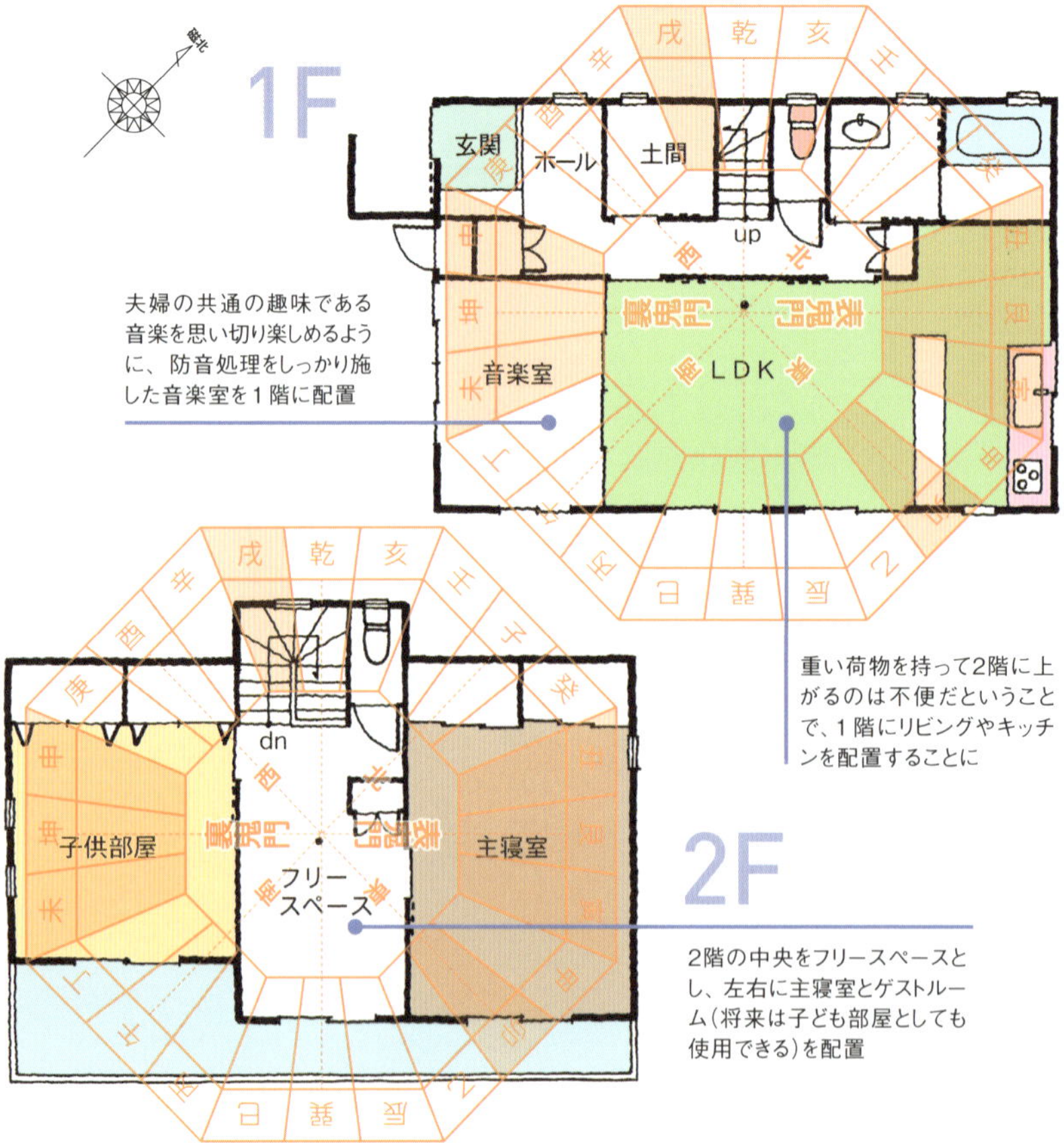

夫婦の共通の趣味である音楽を思い切り楽しめるように、防音処理をしっかり施した音楽室を1階に配置

重い荷物を持って2階に上がるのは不便だということで、1階にリビングやキッチンを配置することに

2階の中央をフリースペースとし、左右に主寝室とゲストルーム（将来は子ども部屋としても使用できる）を配置

当初は使い勝手を考え1階リビングを希望

1階は日当たりが悪かったため、当初佐藤さんからは採光が取れる2階にリビングを置くプランを提案されたMさん。しかし、やはりリビングは1階にあるもの、という気持ちがあったことや、重い荷物があるときには階段を上って上に持ち運ぶのが面倒という思いもあり、1階リビングにこだわって、一度プランを作成し直してもらうことになりました。

建築プラン After

2階にリビングを移動して通風・採光を確保した

1階リビングにこだわったものの、佐藤さんと話し合ううちに採光のことを考え直し、2階リビングの設計に修正してもらうことに。

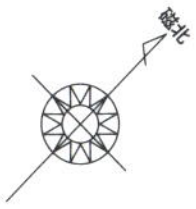

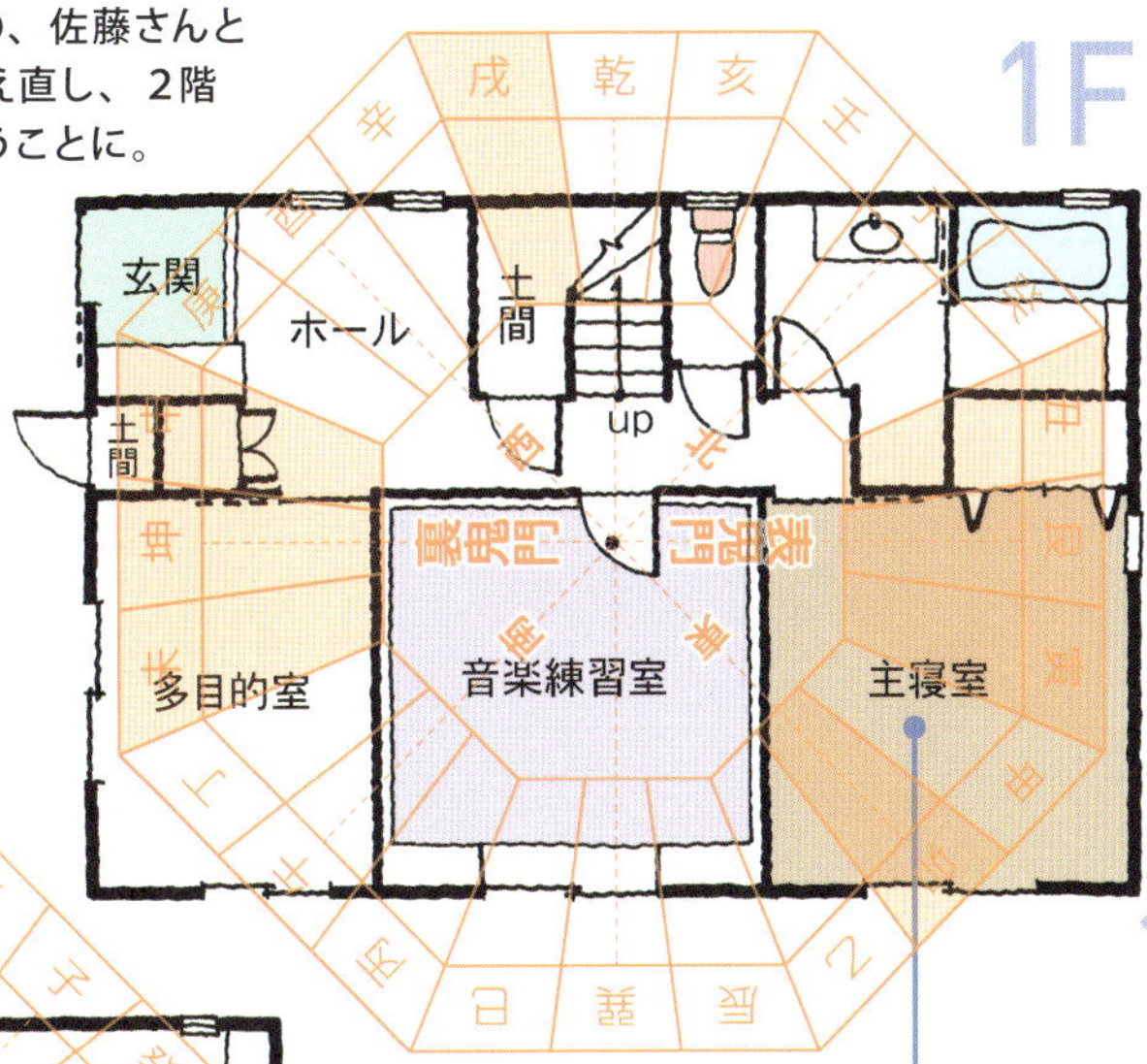

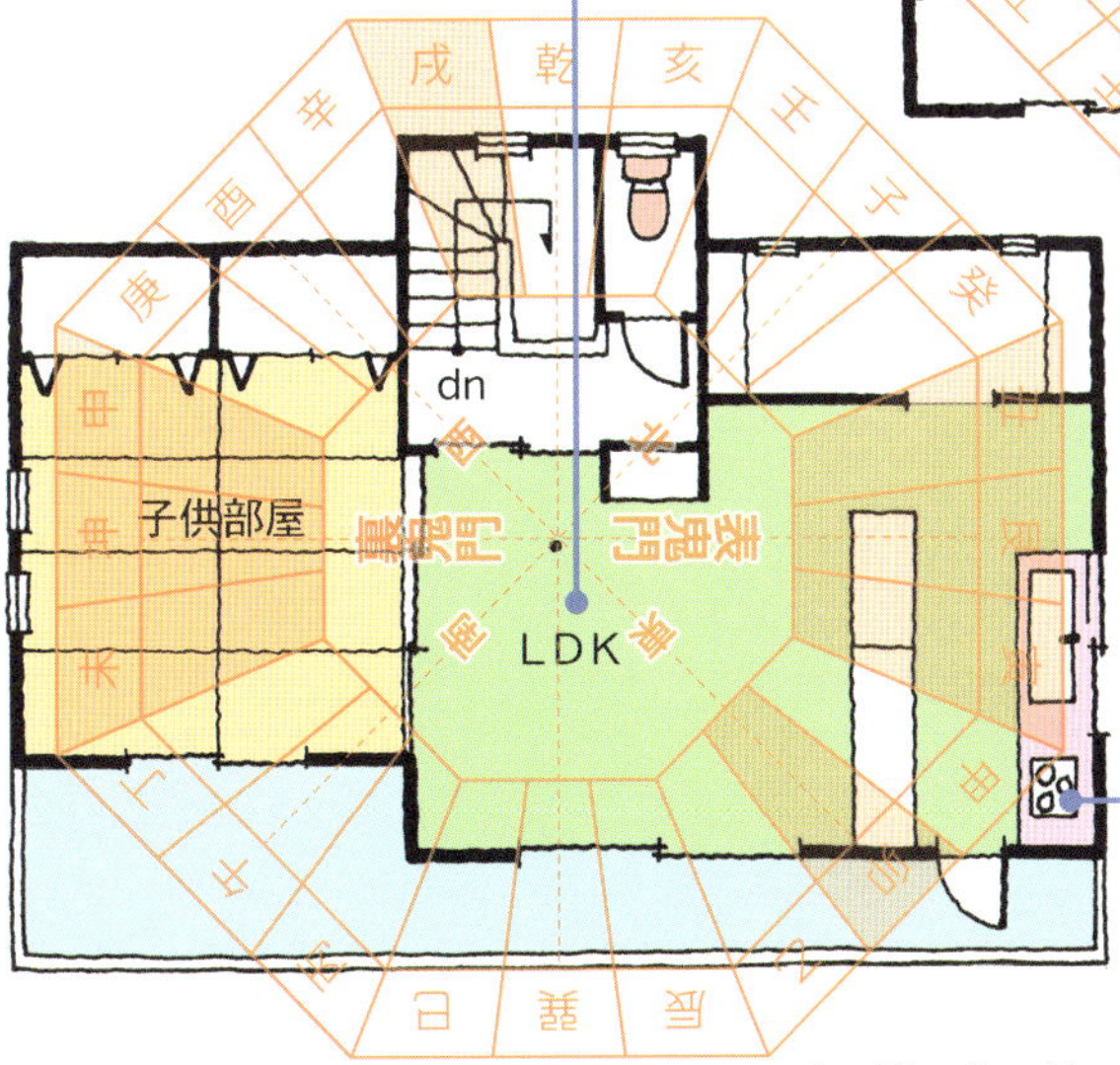

2階にリビングを移動させたことで、隣家による日当たりへの影響も軽減。東南の窓から採光が取れるようになった

主寝室は採光をそれほど必要としないため1階に移動し、夫の十二支方位である卯の方位に配置することに

火気であるガスレンジの位置はビフォーの図面と同様、鬼門方位を避けた方位に配置することに

採光が取れる2階にリビングを移動

検討を続けるうちに、やはり採光のことを改めて考えたMさん。「基本的に家族が一番長くいる場所はリビングなので、そこの採光はやはり大切では…」と考えを改めたそう。そこで再度佐藤さんと相談のうえ、改めて2階にリビングを配置するプランを作成してもらうことにしました。

まず1階の主寝室は、良い眠りが得られるとされる夫の十二支方位の卯の方向に設けることに。また2階はガスコンロの位置を右にずらすことで、鬼門と夫の十二支方位を避けた方位に配置するようにしました。結果、家相の基本となる通風と採光を確保することができ、かつ家相的にも無難な間取りが出来上がりました。

静かに睡眠がとれるよう夫の十二支方位である卯の方位に配置

家相の家づくりレポ
step2

建築費用

当初の予算はオーバーしたものの満足いく家づくりができた

資金計画も立たないまま家づくりをスタート

家づくりは初めてということで、自分たちがどのくらいのお金が借りられるのか、果たして住宅ローンの審査が通るのかさえわからなかったというMさんご夫婦。大体の資金計画は立てましたが、希望する家と予算との折り合いをつけるのは、簡単なことではありませんでした。

良い工務店との出会いで理想の家づくりが実現

限られた予算の中でも、家の土台や構造は手を抜きたくない。建築素材も心が入ったものを使いたい。そんな思いを受け止めてくれたのが、佐藤さんからの紹介で出会った家相専門工務店だったそう。

「職人さんが手作りしたドアなど、見えるところにお金をかけたいと思っていたのですが、工務店の方から家相の家は基礎が命だから、見えないところにこそお金をかけた方が良いと言われて、逆に見えるところは多少削ることにしました」。

結果的にM邸の建築にかかった費用の総額は約３０２０万円、内訳は、本体工事費総額約２５７０万円。これに防音室工事、外構工事、地盤改良費、下水桝やり直し工事費などが約４５０万円かかったといいます。

家相を取り入れつつ費用を抑えることもできる

家相を家づくりに取り入れると、普通よりもお金がかかるのでは?と思う人も多いと思います。実際に家相の家を建てる場合、左ページの建築費用以外に以下のような予算を考える必要があります。

・家相専門家の相談料（数万〜数十万円）
・地鎮祭などの祭事の費用（20万円程度）
・自然素材を取り入れた場合の材料費

けれど、工夫をすることで、総額を抑えつつ

工夫しだいでは
予算を抑えて
建てられるんだね

見積書の例

原価開示システムを導入している成島組の見積書の例。各費用はかかる原価。
諸費用部分に利益分を含んでいる。

御見積書

御見積書

見積金額　¥22,194,197（消費税込）

－家相建築専門工務店－
株式会社 成島組

No.	名称	数量	単位	単価	金額	摘要
1	仮設工事	1.0	式		305,000	
2	基礎工事	1.0	式		1,563,700	
3	外壁工事	1.0	式		1,653,550	
4	屋根工事	1.0	式		435,380	
5	防水工事	1.0	式		71,550	
6	木工事	1.0	式		6,677,330	
7	木製建具工事	1.0	式		1,215,500	
8	金属建具工事	1.0	式		1,074,000	
9	ﾀｲﾙ工事	1.0	式		127,500	
10	左官工事	1.0	式		50,000	
11	内装工事	1.0	式		440,100	
12	雑工事	1.0	式		1,737,500	
13	電気設備工事	1.0	式		656,000	
14	給排水設備工事	1.0	式		752,300	
15	換気設備工事	1.0	式		60,300	
16	板金工事	1.0	式		119,520	
17	ｶﾞｽ設備工事	1.0	式		698,100	
18	諸経費	1.0	式		3,500,000	
	計				21,137,330	
	消費税				1,056,867	
	合計				22,194,197	
	※延床面積　126.60㎡（38.22坪）					

ベタ基礎工事に土の開口部を設けて土のエネルギーを受けられるよう工夫

予算のかけ方もメリハリが必要です

つ家相を取り入れることも可能です。たとえば建築面積を少し抑える、サッシやキッチン、ユニットバスなどはなるべく安価な物を使用する、自分でできる作業は自分でやり工賃を浮かせる…など。いくつか方法がありますので、工務店と相談してみるとよいでしょう。

施行例としては、30坪の住宅で約1200万円、40坪の住宅で2000万円～3000万円くらいが建築費の目安だそう（家相専門工務店（株）成島組実績より）。家相の家だからといって一概に建築費が高くなるわけではないので、ぜひ上手に家相を取り入れてみてください。

家相の
家づくり
レポ
step3

建築スタート

家相の家ならではの建築ポイント大公開

1 土地に感謝して土地のパワーをもらう
地鎮祭

建築を始める前に土地を鎮め、土地をお借りする許可を得るために地鎮祭を執り行う。土地からエネルギーをもらうという家相の考え方からも、とても重要な行事の1つ。当日はご家族のほか設計に携わる佐藤さん、工務店の成島組も参加。また神社から鎮物(しずめもの)を頂き、土地に奉納した。

工事の安全と家の安泰を祈願し鎮物を土地に奉納

2 土壌を一部見えるようにした
基礎づくり

家相にも配慮しつつ、家の安全性も高い、成島組オリジナルベタ基礎。まず地中の湿気が建物に上がらないよう防湿フィルムを引き、鉄筋を配置。一部地面を露出するための開口部を作ったうえでコンクリートを流し込み、養生をして完成する。従来の管機構による床下換気と比べると、基礎の強度・換気能力ともに優れているという。

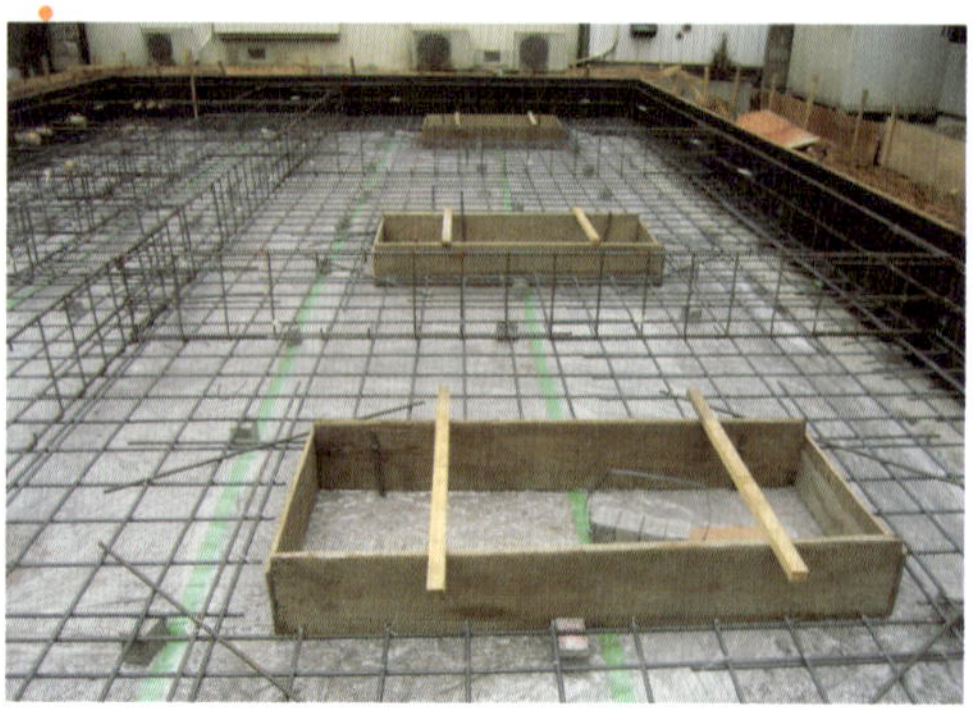

M邸建築のポイント

ポイント1

良い家相を実現

もともと道路面が南西の裏鬼門に当たる家相的に難しい土地だったが、玄関や勝手口へのアプローチを工夫することで、吉相の家を完成させることができた。

ポイント2

土地のエネルギーを十分にもらう

土地のエネルギーを遮断しないことも吉相の家には大切な要素。M邸ではベタ基礎に開口部を設けて、地面の土から自然のエネルギーを受け取れるように工夫している。

ポイント3

自然素材を生かした家づくり

塗り壁材には天然ミネラルとカルシウムを含んだ化石を材料とした「ダイアトーマス」を使用。またリビングの床には奥州本桜の無垢材を使用するなど、天然素材にこだわった。

基礎にこだわった家相の家づくり

2012年2月にM邸の建設工事がスタート。まずは土地を鎮め、この地に家を建てさせていただくための「地鎮祭」が執り行われました。この「地鎮祭」をはじめ、最近では省略されることも多い「上棟祭」や「竣工祭」をすべて執り行うのも、家相建築では大切なことだといいます。

さて、次に重要となるのが、家の土台ともいえる基礎づくりです。従来の家相では、コンクリートで土を塗り固めてしまうベタ基礎よりも、土を完全に塗り固めない

3 家づくりを担う大工さんや棟梁さんに感謝する
上棟祭

家づくりに携わる棟梁や大工さんに感謝の気持ちを表すために執り行われる上棟祭。家づくりに関わる人への感謝を忘れないことも、家相の良い家づくりには欠かせないこと。最近では省略されることも多くなった上棟祭だが、家相を取り入れた家づくりではきちんと執り行われる。

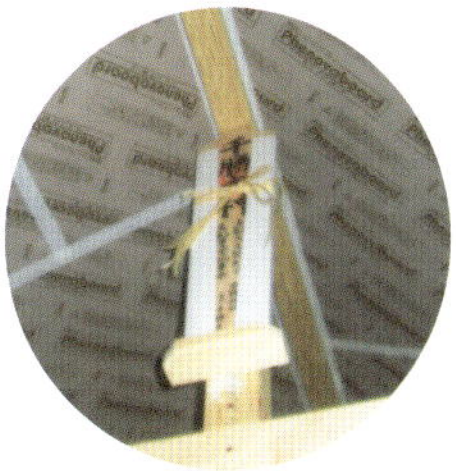

上棟祭では神社が用意した棟札(むなふだ)が建物上部に収められる。

4 Mさん自らが選んで塗った自然素材の壁材
ダイアトーマス

ご主人が、自らがネットで探したという、自然由来の健康塗り壁材「ダイアトーマス」。湿気を吸い取るため結露を防ぎ、カビも出にくいのが特徴。また匂いの吸着能力も優れているため、部屋の空気を常にきれいに保ってくれる。

5 家の完成を感謝する
竣工祭

2011年8月に、家相にこだわったM邸が完成。無事に建物が完成したことを感謝し、家の末永い安全を祈願する「竣工祭」が、リビングに置かれた神棚の前で執り行われた。地鎮祭、上棟祭、竣工祭すべてを大切に執り行うのも家相建築の特徴だ。

布基礎の方が、土のパワーをもらいやすいとされていました。しかし、現在は建築基準法上、強度が弱いとされる布基礎は使用できません。このためM邸では、土地をコンクリートですべて埋めてしまう従来のベタ基礎を改良し、一部に土を露出させた開口部を作ることで土地が呼吸できるように工夫した「成島組オリジナルのベタ基礎」を採用することに。これにより、家の強度も確保しながら、土のエネルギーも十分に得ることができ、健康運アップが期待できる家の基礎が出来上がりました。

自分たちで作業することで建築費を節約できた

最後の仕上げとして、天然素材の壁にこだわっていたご主人がネットで見つけた天然素材の健康塗り壁「ダイアトーマス」を取り寄せ、奥様と2人で塗ることに。

「ダイアトーマスは、調湿効果や吸臭性が高い塗り壁なんです。部屋の空気は、健康の基本ですし、通風の良さは家相でも重要な要素なので、こだわってこの素材を選びました」。家づくりに自ら参加することで、より思い入れも深まったというMさん。こうして2012年8月に、約半年間かけて、家相にこだわった家が完成しました。

家相の家づくりレポ

step4

完成

満足度は100%以上！住んでわかった家相の家の心地よさ

桜の木をフローリングに用いたリビング。塗り壁、カーテンもピンク色で統一され優しい雰囲気

リビング

天井を勾配天井にすることで解放感を出すとともに、採光性もアップした。またリビングの壁には神棚を置き、その下は本棚として活用中。神棚の下を人が通らない造りが家相的に吉相なのだそう。

住んでいて違和感のない居心地のいい家ができた

完成した家に実際に住んでみて感じたのは「まるで違和感がない」ということ。以前から住んでいた家のように、しっくりくる家だといいます。リビングを2階にしたこともあり、通風と採光も問題なし。夏でもクーラーなしで過ごせるほど快適なのだそう。

また家相の家づくりを通して学んだことも多かったというMさん。「自分たちが目に見えないものによって生かされているということ、家を作るときには、自分たちの思いだけでなく、周囲との協調も大切ということなど、いろいろ学ぶことができました」。

家相の家だからといって、何かを諦めることもなく、自分たちの理想の家を作り上げることができたMさん。完成した家に対する満足度は100％以上だそうです。

ベランダ

ベランダは家相上の「張り」にあたるが、家相の吉凶は土に接する1階で判断するため、2階のベランダは「張り」とは扱わない。このため、2階には広めのバルコニーを確保することができた。

音楽室

音楽が共通の趣味というMさんご夫婦の希望で作られた1階の音楽室。四重サッシに鉄の扉で、防音措置はバッチリ。このように家相建築でも趣味の特殊な部屋を作ることができる。

玄関

道路が南西の裏鬼門に面しているM邸。鬼門から玄関への出入りは凶相になるため、レンガ壁で仕切ることで無難としている。また玄関内も下駄箱の配置を工夫することで、玄関の方位を吉相とした。

キッチン

キッチンは表鬼門の方向に配置されているが、火気であるガスレンジの位置は、表鬼門と旦那様の家族定位である卯の方位を避けることで無難としている。シンクとガスレンジが逆になってしまうとMさん宅の場合は凶相。

トイレ

1階と2階に1つずつ、鬼門と家族定位を外した位置に配置されているトイレ。下水道の配管も複雑にならないので、家相上1階と2階のトイレは同じ位置に置くのが望ましいとされている。

◆家相の儀式Q&A

Q1 家相で大事にしている儀式などはありますか?

3つの儀式が大切

工事の前に土地の神様を鎮める「地鎮祭」、工事の半ばで行う「上棟祭」、完成した建物を清める「清祓祭」の3つです。これらは、普通の建築現場で昔から行われていましたが、今はどれかを省略する人も多いようです。なるべく全て行うようにしましょう。

Q2 地鎮祭はどんなことをするのですか?

土地の神様を鎮め、工事の安全を祈願する

土地の神様の許しを得て、加護と工事の安全を祈願するために、捧げ物やお祈りをします。敷地をきれいに整え、南方位へ向けて立てた祭壇に向かって、お供え物を捧げお神酒で乾杯をします。施主は必ず参加しましょう。

Q3 上棟祭はどんなことをするのですか?

工事の半ばに改めて安全を祈願する

上棟祭は、木造建築で棟木が上がるのを祝うために行われたのが由来です。建物の四柱の神々を招き、神主によるご神事の後、慰労の意味をこめた宴会を行います。

Q4 清祓祭《せいばつさい》はどんなことをするのですか?

完成した建物を清める儀式

馴染みのない言葉ですが、建物が完成し、施工会社から引き渡しを受けた後に行う儀式です。工事期間の汚れや目に見えない穢れをお祓いし、新居をまっさらな状態に清めます。お供え物は野菜や果物を施主が用意します。

第5章

部屋別でわかる「吉相と凶相」

家相を知るには、部屋別の「やっていいこと」「やってはいけないこと」を知っておくと間違いありません。ポイントさえ守れば、少しくらいマイナスの要素があっても、うまく補って幸せを呼び込む家を作ることができます。

CONTENTS

そもそも「欠け」の要素あり
「張り」を意識すべし

玄関

東南の位置にあるのがベストだが、方位は鬼門と家族の十二支方位を避ければ問題ない。少し突き出た「張り」の形がおすすめ。たたき（土間）を少なくして、靴箱の前は床にするとか、シュークローゼットを設けて、そこは床を設けるなどの工夫を。広い玄関が希望なら、たたきを広くするのではなく、ホールを広くするのが良いだろう。

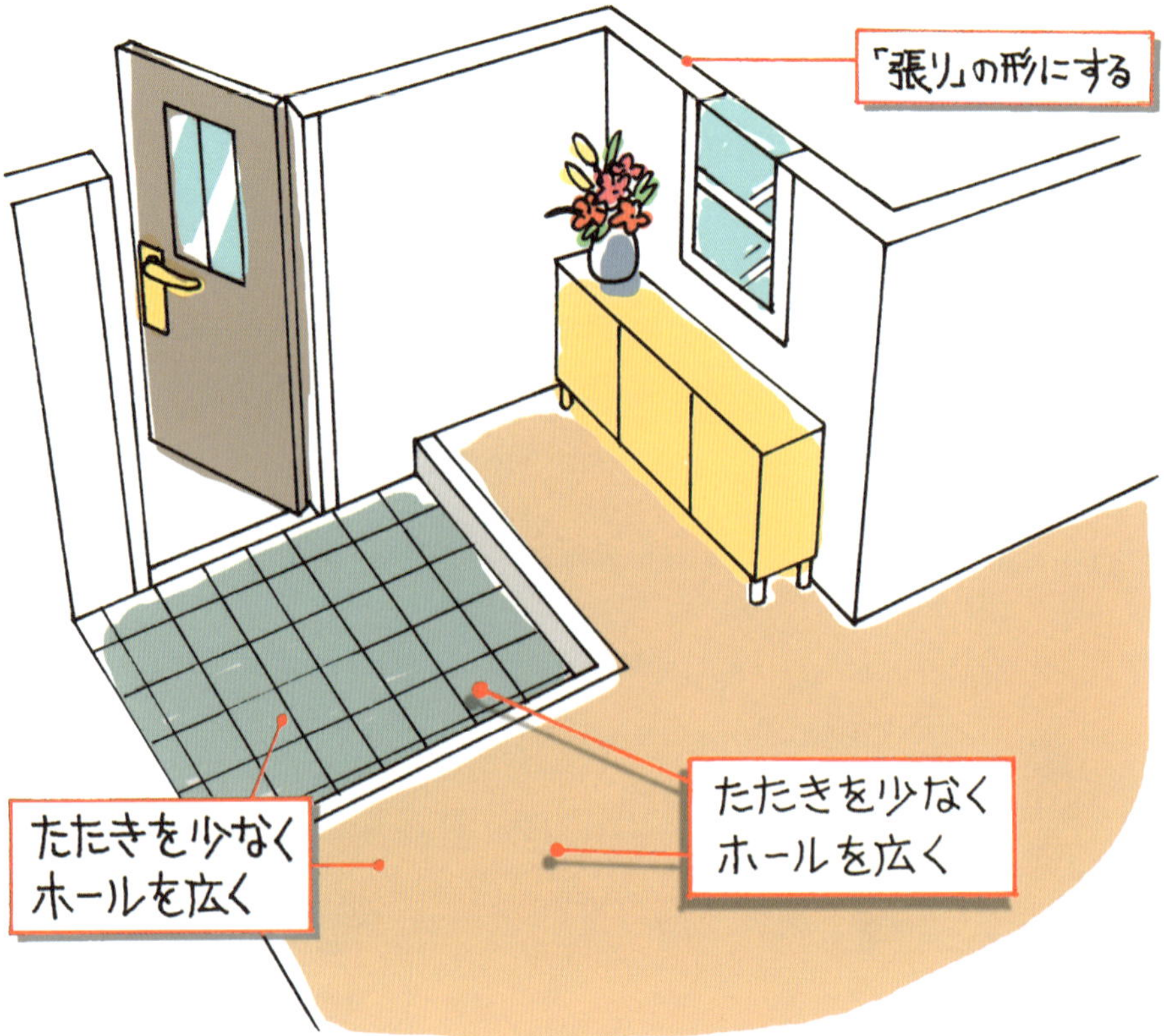

方位は東南巽にこだわらず、鬼門さえ避ければよし

玄関は「家の顔」と言われ、パワーのある方角、〝東南巽〟が良いと昔からいわれてきました。ただ、今は玄関が良いだけでは、家がよくなるわけではない、という考え方が家相の主流です。

たとえば、南間口の狭い土地で、東南巽の玄関を作った場合、南を向いた部屋が作れなくなります。しかし、東側に玄関を持っていけば、南側は全面的に部屋が作れます。また、北側が道路に面した土地の場合、無理に東南に玄関を作ってしまうと、リビングが北向きになり、目の前が道路となって、なんだか落ち着かないリビングになってしまいます。この場合、北側に玄関を作ると、南側は全面的に部屋が作れます。

つまり、玄関は東の玄関でも、北の玄関でも良いということです。家の中心から見て北東の表鬼門と南東の裏鬼門、家族の十二支方位を避ければ良いのです。玄関の位置を良くするがために、家全体の採光や通風が悪くなってしまうのは本末転倒なので、敷地と道路との関係で最適な場所を選びましょう。

玄関デザイン

✕ くぼみを作ってそこに玄関を置くアルコーブ。デザイン的にはすっきりしているが、家相的には、「欠け」の助長でNG。

方位

✕ 玄関の位置を東南にこだわり過ぎて、リビングなどの部屋の位置が犠牲になるのはNG。

吹き抜け

✕ 吹き抜けは、「上に気が抜けていく」ということで「欠け」になりNG。どうしても設置したい場合は、玄関に張りを設ければ可。

立地

✕ 傾斜地に家を建て、玄関扉が高い位置にあるのはNG。部屋が道路から下がった位置になると、水が流れ込んでしまう。

出入口を限定して、良いものだけを入れる家に

玄関の外側では、門扉を作ることも大事です。出入口を必ず限定させましょう。

家相は基本的に、良いものを取り入れて、悪いものは取り入れない、という考え方。つまり、出入口を限定しないと、良いものが入ってくるときは開け、悪いものが入ってくるときには閉める、ということができなくなり、あらゆるものがどこからでも入ってこられ、逃げられる家ということになってしまいます。また玄関の内側でいうと、「たたき」がある時点で、床がない＝「欠け」の要素になります。つまり、玄関にはもともと「欠け」の要素があるため、たたきが広い玄関は凶相となります。「欠け」を補うために、玄関はなるべく突き出た形、つまり「張り」を出すと吉相になります。

それでいうと、今流行りの「アルコーブ」＝くぼみを作ってそこに玄関を作るタイプはおすすめできません。そもそもたたきがあることで「欠け」なのに、それに加えて、くぼみをつけることで「欠け」がダブルになってしまいます。家相上はかなりよろしくない、といえるわけです。

採光と通風に徹底的にこだわる リビング

南側に作ることが多く、家の中でもっとも採光と通風がいい部屋。採光を取るためのトップライトやハイサイド窓（高窓）を取り入れるのは吉相。天井も260cmなど高めにして通風を確保して。

トップライト・ハイサイド窓で採光を取ると吉相
260cm
風通しも確保する

人の集まるリビングこそ陽のあたる南側に

人が集まる「リビング」は採光にもっともこだわるべき部屋。人がたくさん集まるということは、その人たちがエネルギーをもらえる部屋であるべきです。

昔の家相では、玄関は鬼門から避け、トイレ、お風呂、階段は全て東南方位に集中させてしまい、結果的に余ったところにリビングを置くということもありました。しかし、それはNGです。人間にとって、一番大切なものは陽の光です。リビングこそは、南側の一番陽の当たる場所に持っていくのが、家相の理というものです。1階であまり陽が当たらないなら、当然、2階にもっていくという選択肢もあります。

採光のために、窓にこだわるのも大切です。天井や屋根に取り付ける天窓（トップライト）を思い浮かべる人も多いでしょう。従来の家相では、トップライトを凶相とする考えがありますが、気にすることはありません。また、ハイサイド窓（高窓）は壁の高い位置に取り付けるもので、通風は期待できませんが、採光の効果大です。

リビングの吹き抜けは、家相的には「欠け」の要素が気になります。冷暖房効率の

窓

○ 採光面ではトップライトがもっとも明るく、陽をいっぱいにとれる。構造上とれない場合は、ハイサイド窓が効果的。

方位

○ 採光と通風がとれることが一番。南側が理想的。

暖房

× 電気・ガスストーブ、床暖房、エアコンは問題ないが、薪ストーブ・暖炉は家相上では凶相。コントロールできない火をリビングに置くのは、家相の理に合わない。

吹き抜け

× 吹き抜けは「欠け」の要素になるので、大きすぎるものはNG。特に家の中心にドーンとあるのは、大事な位置だけにいただけない。使う場合は、ピンポイントで効果的に。

悪さや、音の問題もあります。家の中心近くは避け、大きすぎず、効果的にワンポイントで使うのはいいでしょう。

風通しのよさにもこだわりを

採光とともに、通風へのこだわりも大切に。家相上は天井高260〜270㎝を推奨しています。通常が230〜240㎝ですから、少し天井の高い部屋になります。少し高めの壁にし、窓を横に広く置くより上下に置いて風通しを良くします。先ほどのハイサイド窓は通風面でも効果的です。滑り出し窓や上げ下げ窓、腰窓の機能を上手に取り入れて、高いところと低いところの両方から風が通るようにするのと良いでしょう。

リビングで家具の位置は特に規制はありません。もっとも注意しなければいけない火についても、暖房器具ではエアコンや床暖房が主流になっていますので問題ありません。ガスストーブも大丈夫です。ただ、暖炉、薪ストーブはあまりおすすめしません。生の火は人間がコントロールできるものではないというのが家相の考え方。逆らえない自然のものを家の中でコントロールしようとすること自体、避けましょう。

寝室

魂が宿る寝室は十二支方位と枕の向きに注意して

寝室は魂が宿り、人が成長する部屋。家相では重要とされる場所。趣味の部屋や仕事部屋とは区切り、しっかりと休める寝室づくりをしたい。配置は、家族の十二支方位や、九星方位、家族定位に合わせると良い気を取り込める。枕の向きは、北枕がベストだ。窓や寝室の扉の位置にも注意したい。

北枕がよい
窓の位置も注意する

寝室は家族定位や十二支などで判断する

人間が生きていくためには、質の高い睡眠は必要不可欠です。なぜなら、質の高い睡眠を確保することができれば、心身とも健康で、常にリフレッシュできるからです。

そのため寝室は、家の中ではとても重要な場所となるため、寝室の住環境を高めることが大切です。家相学上の約束事も、質の高い睡眠をとるためにあるといっても過言ではありません。

ただし、寝室だけを無難な方位にしても効果はありません。たとえば、健康に影響を与えるとされるガスレンジなどの火気や、トイレなどの水回りの場所が正しい方位に位置されていなければ、しっかりと質の高い睡眠をとることができずに、健康を害してしまいます。家相学上の約束事を守った上で、寝室の方位を確認することが大切です。

寝室は、十二支方位や九星方位、家族定位を用いて、その人にかかわりがあるところに位置する部屋にします。たとえば家族定位の場合は、一家の主は北西、妻は南西、長男は東というように、家族の役割に

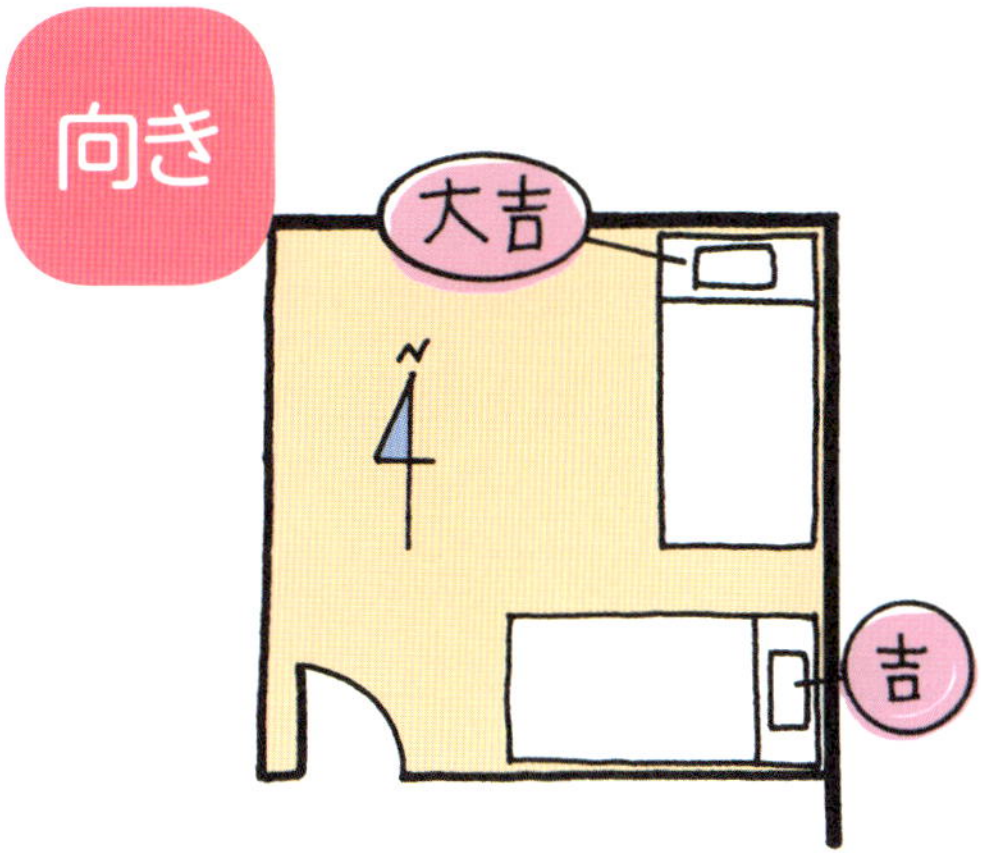

○ 北枕は亡くなった人の寝る向きというイメージだが、家相では東とともに吉相。西や南は避ける。

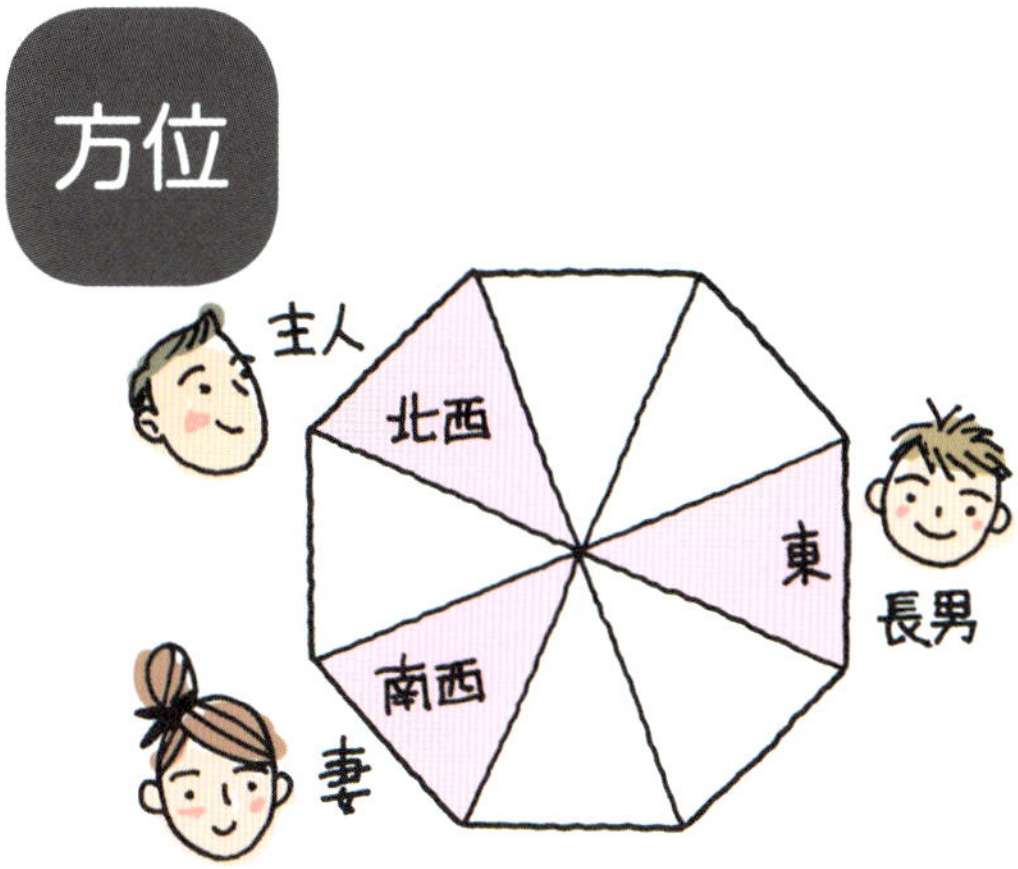

○ 家族定位も寝室の部屋割りを決める上で参考になる。例えば子年生まれのご主人は、十二支方位の北、家族定位の北西などに寝室を置くと良い。

○ だらだらしがちな生活の中にリズムを確保するために、区切りは必要。寝室は寝るためだけの部屋とし、趣味や仕事などをする部屋とは区別する。

○ 隣接した部屋で足と足がぶつかるようにベッドを配置すると凶。頭の向きと足の向きを揃えると、波を乱すことなく眠れる。

よって方位が決まっています。

寝室を決める場合は、これらのどの方位を用いても大丈夫です。子年生まれのお父さんなら、もし北西に部屋がとれないときは、お父さんの十二支の子年の方位、つまり北の部屋でも良いわけです。

このように、寝室を配置する方位は選択肢は多いので、いずれかの方位で寝室を選ぶと良いでしょう。

北方位に頭を向ける「北枕」で寝るのが最良

寝るときの向きもポイントです。家相では、北方位に頭を向ける「北枕」が最良です。一般的に、北枕は亡くなった人が寝る向きというイメージがありますが、昔から身分の高い人は北枕で寝ると言われていますので、「北枕」で寝ることをおすすめします。北以外では、東方位も吉相です。西や南に頭を向けて寝ることは避けた方がいいでしょう。

2つ寝室が隣り合っている場合、お互いに足を向けて寝ると眠れないので、頭同士が向きあっているようにするか、一番いいのは頭の向きを同じ方向にそろえることです。こうすることで、しっかりとした睡眠がとれるでしょう。

日当たりと風通しの良さで
よく眠れる部屋に

子ども部屋

よく眠れて心と身体の状態を整えることが、子ども部屋では重要なポイント。日当たりの良い南か東に子ども部屋を配置することで、健康的な心身の成長を促すことができる。勉強に集中できるとされている方位は、北。スタディールームを北に配置したり、勉強机を北向きにしたりすることで、落ち着いて勉強できる環境に。

勉強机は
北向きがベスト
日当たりをよくする
Good morning…
N
E

採光や通風がポイント 東側や南側がベスト

子ども部屋については、子どもの成長のことを考え、気持ちよい睡眠のとれる環境を整えることを一番に考えてください。そのためには、採光と通風がポイントになるので、家の東側や南側に配置することが適切です。

以前の家相学では、南方位に子ども部屋を配置すると、子どもにとって凶相だといわれていましたが、凶相を避けて住みにくい部屋にしては本末転倒です。採光や通風に恵まれることは、子どもたちの成長に欠かせないことなので、日当たりの良い東方位や南方位に配置してください。

勉強机の方位にも家相学上の決まりがあり、勉強に集中できるのは北を向いて勉強机に向かうことです。位置的に北向きが難しい場合は、東を向いて勉強机に向かうようにしてください。

逆に、勉強に集中できない方位は、西向きや南向きといわれています。また、窓に向かって勉強机を置くと、外が気になり勉強に集中できない場合も多いので、勉強机の配置を決めるときには、窓の位置も考慮するようにしましょう。

窓

○ 窓に向かった机は外が気になり集中できないことがあるため、避けたほうが良いだろう。

方位

○ 子ども部屋を配置するなら、建物の東か南がおすすめ。南向きの子ども部屋は子どもの落ち着きをなくすと言われるが、日当たりの良さを優先する。

配置

× 子ども部屋の配置にこだわりすぎて、他の部屋が狭くなるのはNG。子ども部屋が吉相にできないときは、火気や水回りの凶相を避けることで対応を。

向き

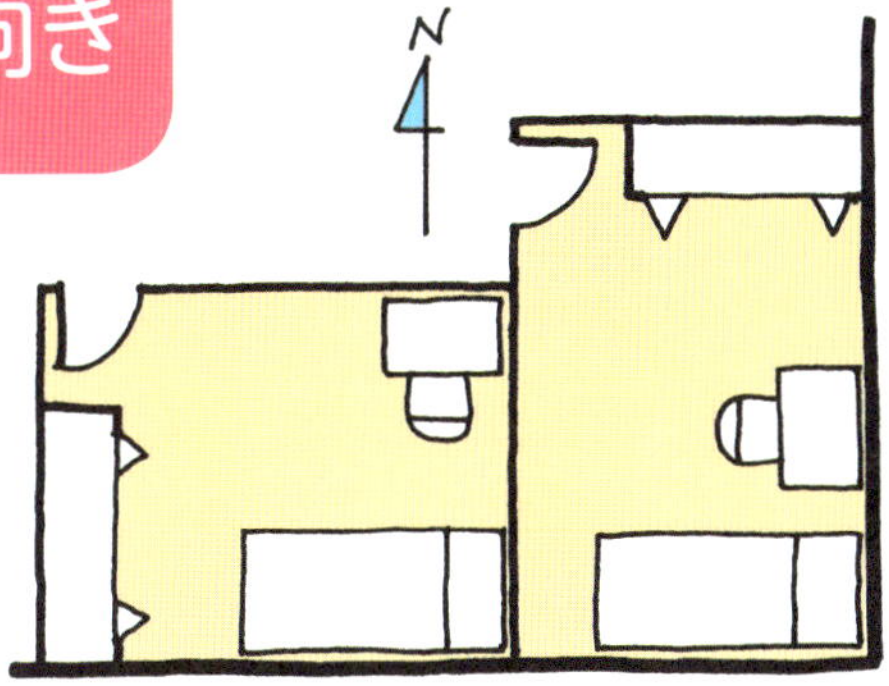

○ 勉強がはかどるとされている方位は北。落ち着いて勉強するために、勉強机は北向きに配置すると良い。北向きが難しい場合は東向きでも可。

勉強専用の部屋は集中できる北側に配置する

勉強専用のスタディールームの場合は、家の北側に配置することをすすめています。子どもが寝る部屋として使わないのであれば、東側や南側に配置する必要はありません。勉強が主なので、北側に配置することで落ち着いて勉強することができます。ということは、勉強を専用にする部屋と寝る部屋として利用する場合とでは、適する方位が異なるということです。

方位以外にも、照明や内装の材質なども大事なポイントです。子ども部屋やスタディールームで使う照明は、スポットライトなどが便利です。天井にレールをつけることで、明りを照らす位置を自由に動かすことができるので、勉強机やベッドなどを配置替えしたときでも対応可能です。

基本的に方位は大切ですが、ただ方位にこだわるあまり、他の部屋が狭くなって、子ども部屋が広くなりすぎては意味がありません。極端なことをいえば、玄関や火気や水回りなどが凶相でなければ、どの方位に部屋割りしても凶相とはなりません。子ども部屋などはプラスアルファの要素として取り入れてみてください。

方位の特性を生かして
使う人や内容に合わせた書斎に

書斎

まず注意したいのは、書斎は主寝室とわけること。一緒にすると生活のリズムを狂わせ、健康に影響する。神経が集中できる北側に書斎を配置するのがおすすめ。

仕事には北が最適
倒れてこないように耐震性には注意
MIAO…

仕事専用の書斎は北側の場所が最適

書斎と一口にいっても、その部屋がどんな使い方をされるのかによって方位が異なります。

方位的には、北側は神経が集中できる方位で、仕事や勉強に励みたい人に向いています。絵を描いたり、曲を作ったりなど芸術的なセンスを磨きたい人には、南側が良いでしょう。

たとえば、音楽を聞いたりゲームをしたりといった趣味で使うホビールームの場合は、より多くの採光が入る家の南側の場所が適しています。仕事で使う場合は、北側の場所となります。

書斎を仕事と趣味で区別しない場合は、方位の特性を利用した配置場所があります。その書斎を使う人が経営者であれば、適している方位は北方位。家相学的に、北方位の書斎を利用していると、部下に対する指導力が高まり、部下からの指示を得ることができ、ひいては職場の人間関係がうまくいくと言われています。

企画や開発、研究職に就いている人に適している方位は東方位です。過去の分析などから斬新な発想が生まれるということも

○ 人が使う場所には窓を作ると良いため、書斎や趣味の部屋には窓を作りたい。逆に、ウォークインクローゼットや食品庫は、窓を作らなくても大丈夫。

○ 仕事に使う部屋は北、趣味に使う部屋は南に配置すると良い。北側は神経が集中でき、南側は日当たりが良く、芸術的センスを磨くのに適している。

× 書斎と主寝室を同じ部屋にするのは、健康面を考えて避けたい。例えば、妻が眠っているときに隣で夫が仕事をしていると、妻の睡眠の妨げとなってしまう。

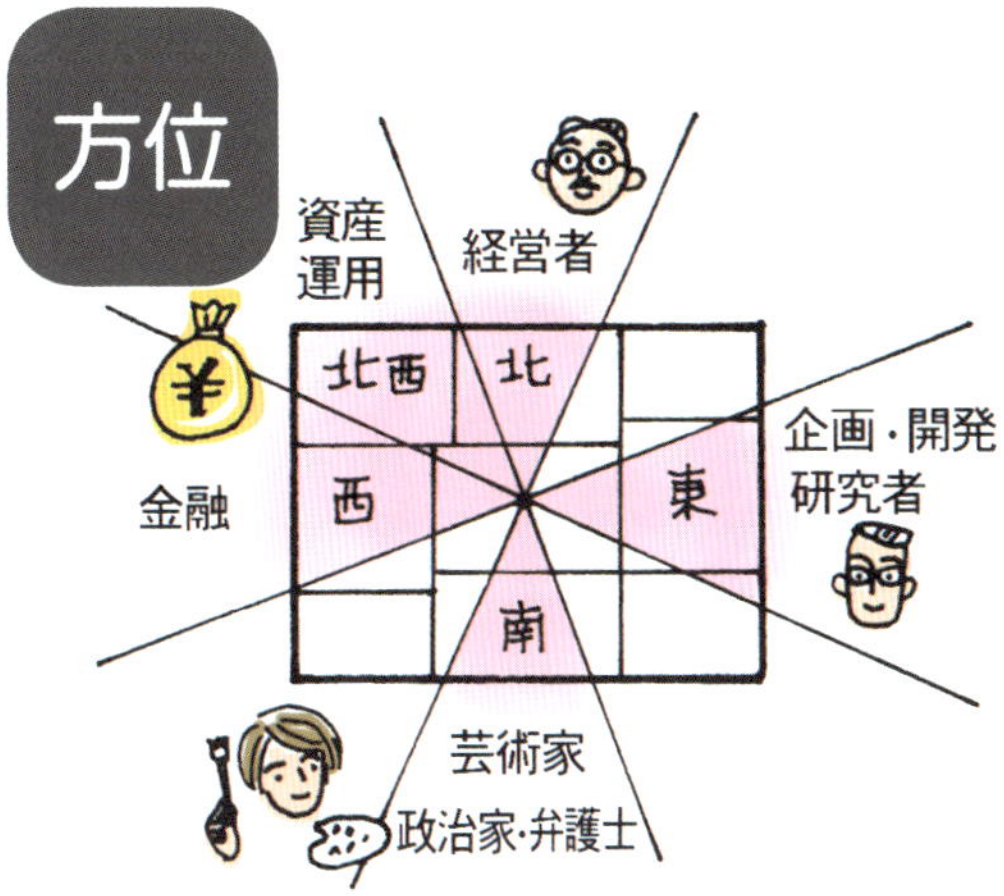

○ 方位にはそれぞれ特性がある。例えば、経営者は北に書斎を配置すると、指導力や人間関係が向上するとされている。配置する際に参考にしたい。

あり、創造的な仕事をしている人に向いています。

芸術家、政治家、弁護士などに適しているのは南方位です。西方位は銀行など金融関連の仕事に就いている人に適しています。特に、資産運用の場合は北西方位が吉方位となっています。

方位には、それぞれ意味があるので、書斎を配置する場合は、特性を生かすようにしましょう。

主寝室の中の書斎コーナーは要注意

主寝室の一部に、書斎コーナーをつくるケースがありますが、注意が必要です。妻が寝ているところで、夫がパソコンなどで作業をしていると、照明の明りやキーボードの音などで睡眠が妨げられるということもあり、健康の面で好ましくないからです。明りや音には配慮してください。

寝室はゆっくり休む部屋なので、書斎は別の部屋に設けるようにしましょう。主人の書斎が独立してあることで、主人の社会運や家庭運が向上する効果もあります。

また、書斎は本棚などが多くなるので、耐震性には十分注意するようにしてください。

不浄物のトイレは通風、採光、方位に注意

トイレ

家相学上、水回りの中でもトイレの位置はもっとも重要。表鬼門や裏鬼門、家族の十二支方位、巽、乾、子方位、中央は避ける。また、窓のないトイレは方位に関わらず凶相になる。通気性や採光性には気を配りたい。汚水管は最短距離で建物の外に出すことで、床下に汚水が流れることを防ぐことができる。

北東の表鬼門と南西の裏鬼門は凶方位

トイレの位置は、家相学上、水まわりの中でも最も重要です。トイレの方位が凶相だったために、体調を崩してしまうなど、健康にかかわるので注意が必要です。

トイレを配置してはいけない凶方位は、北東の表鬼門と南西の裏鬼門方位、東南の巽方位と北西の乾方位、北の子方位、その家に住んでいる家族の十二支方位です。

たとえば、北や北東にあるトイレは、家の中で最も寒い場所となります。逆に、裏鬼門の南西のトイレは、西日が差し込み暑くなり臭いがこもりがちになるので、やはり凶相です。家の中央部に置くのも避けてください。

そして何といっても、トイレには窓が必要です。窓のないトイレは、どこの方位でも凶相となります。窓がないということは、悪い気がたまりやすく、通気や採光の点でもマイナス要因です。

ただでさえ、水まわりや火気は不浄物となるので、さらなるマイナス要因を重ねないように、換気と採光には気をつけるようにしてください。

また、設計時、トイレの汚水管は、最短

汚水管

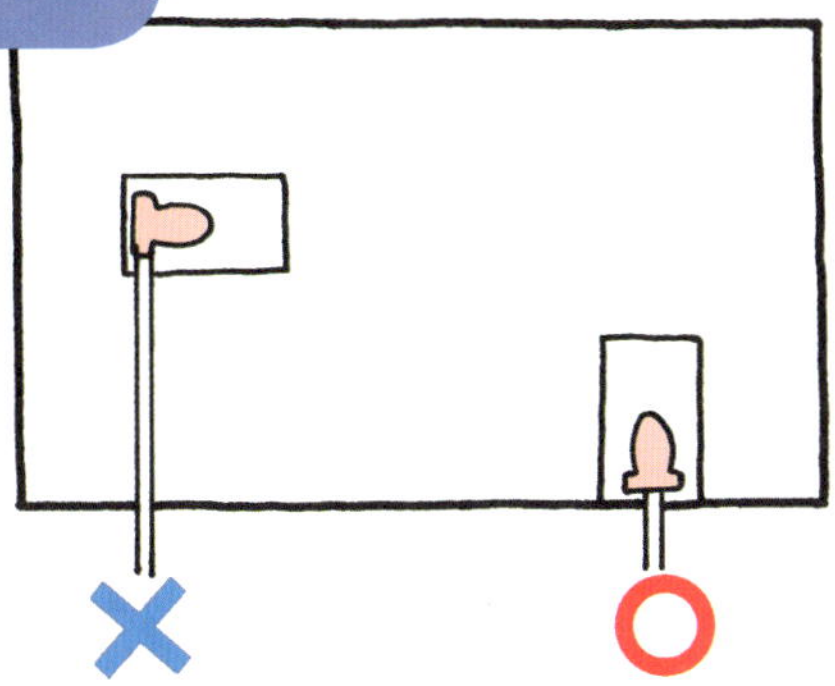

○ トイレの汚水管の扱いも大事。最短距離で外に出し、玄関前を横切らせないことが重要。方位は、鬼門を含め、どの方位に配管しても凶相にはならない。

方位

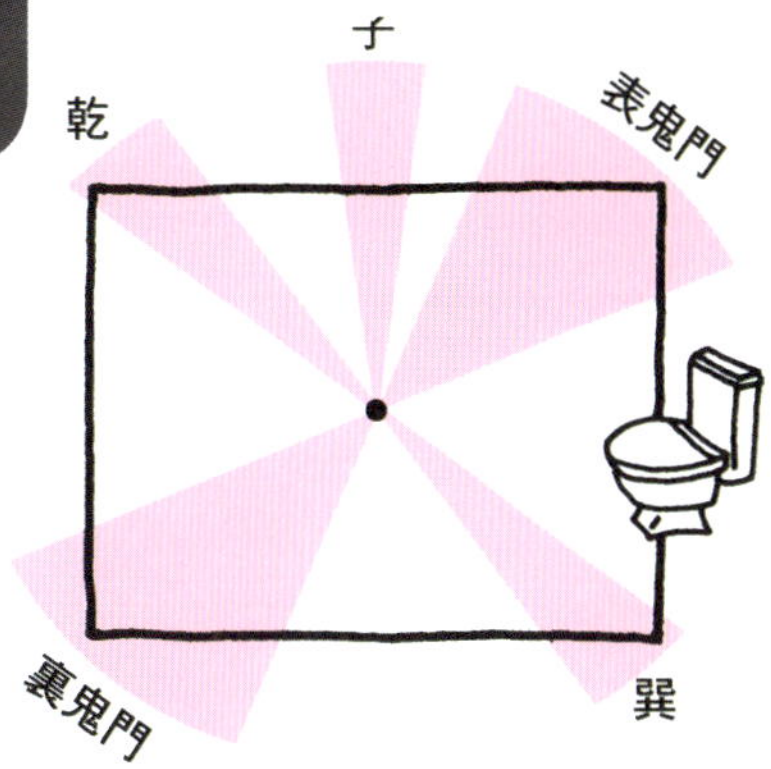

○ 水洗トイレを配置してはいけない方位は、鬼門の北東と南西、巽、乾、子方位、。家族の十二支方位も避けたほうが無難といえる。

ユニットバス

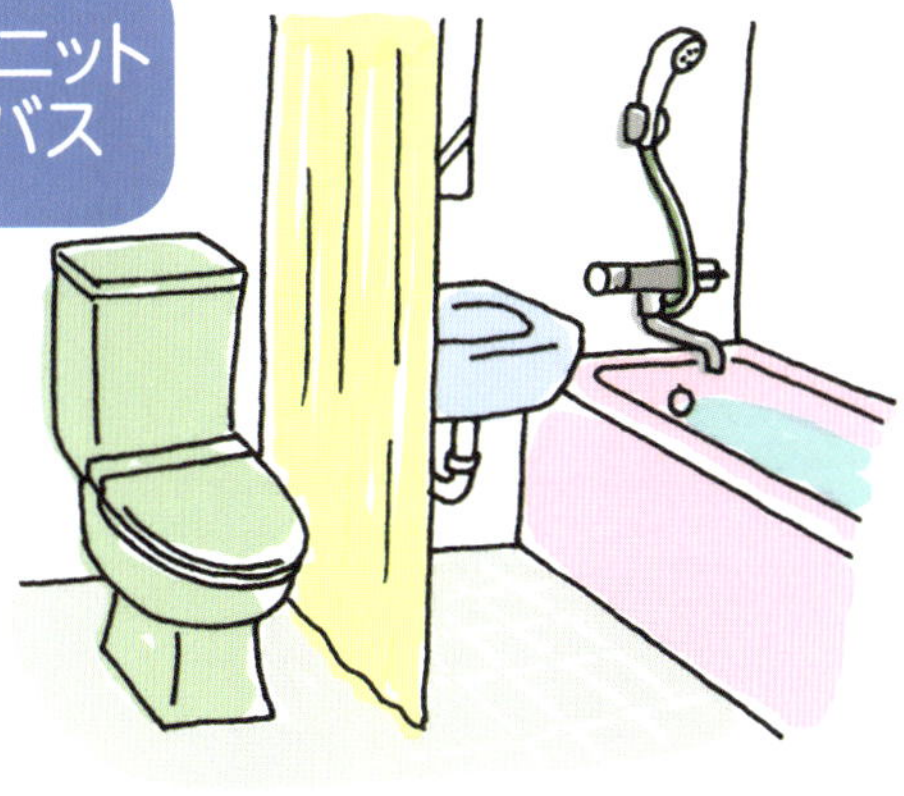

× 洗面所や収納カウンターがトイレと一緒になったユニットバスもよく見られる。対策としては、トイレの空間が最小になるように仕切りをする。

インテリア

× トイレに小さな本棚などを作り、くつろぎの場にしている人は多い。しかし、トイレはできるだけ広くせず、長時間いるのは避けたほうが良い。

距離で家の外に出すようにしましょう。キッチンや浴室の排水を雑排水といいますが、雑排水よりも汚水のほうが家相に影響しやすいので、排水に注意してください。

間仕切りをして洗面台や収納と分ける

人によっては、トイレをくつろぐ場にするため、読書ができるようなインテリアにすることもありますが、家相学上は控えた方がいいでしょう。トイレを快適な空間にすることは大切なことですが、長時間いる場所ではありません。

また、トイレのスペースが広ければ広いほど凶相の影響を受けやすくなります。中には、トイレが独立しておらず、洗面台や収納カウンターなどが一緒になったユニットタイプがあります。トイレは最小のスペースになるように、間仕切りをして、洗面台や収納カウンターとわけるように工夫をしてください。トイレのスペースが全体の3分の1程度であれば、凶方位にかかっていたとしても問題はありません。

便座のフタを常に閉めるなど、負の気を家の中に逃がさない工夫も実行してください。

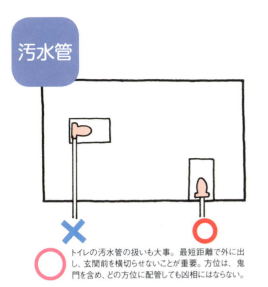

鬼門と十二支方位、巽、乾、子方位も避ける　浴室

内釜タイプが主流だったかつては、浴室は火気と水が集まる危険な場所と考えられていた。現代は、室外の給湯器を使うユニットバスや湿気のこもらない工夫によって、凶相は軽減されているといえる。お風呂は、1日の疲れや嫌な運気を洗い流してくれる大切な場所。方位や換気、採光には十分に気を配りたい。

換気をよくする
必ず窓を
設置する

凶相でも浴槽の向きを変えると無難な方位に

お風呂の湯を沸かすために、室内に火気がある内釜タイプが多かった時代は、家相学上、火気と水回りという2つの危険要因を兼ね備えていたので、凶相の影響を大きく受けました。加えて、お風呂の残り湯に足し湯をする使い方をしている場合は、さらに凶相の影響を大きくさせるものでした。

ところが、最近では室外の給湯器を利用するユニットバスが多くなったこと、また浴室の中に湿気がこもらないように工夫されていることもあり、以前ほど凶相の影響は少なくなっています。とはいえ、浴室は家の中で最も多くの水を使う場所であることには変わりはないので、方位には十分注意する必要があります。

家相学上、家の中心から北東の表鬼門と南西の裏鬼門の方位、東南の巽方位と北西の乾方位、北の子方位、その家の家族の十二支方位は、浴室を配置する場所としては凶相となるため避けてください。

ただし、この凶相は浴室全体ではなく浴槽の位置で判断します。もし、浴槽が凶相の位置にある場合は、浴槽の向きをたとえば横から縦に変えるだけで、無難な方位に

浴槽の水

× 浴槽に水が長時間溜まったままでは、湿気が浴室にこもってしまう。使用後はすぐに水を流し、換気扇や窓を活用して湿気を逃がす。

方位

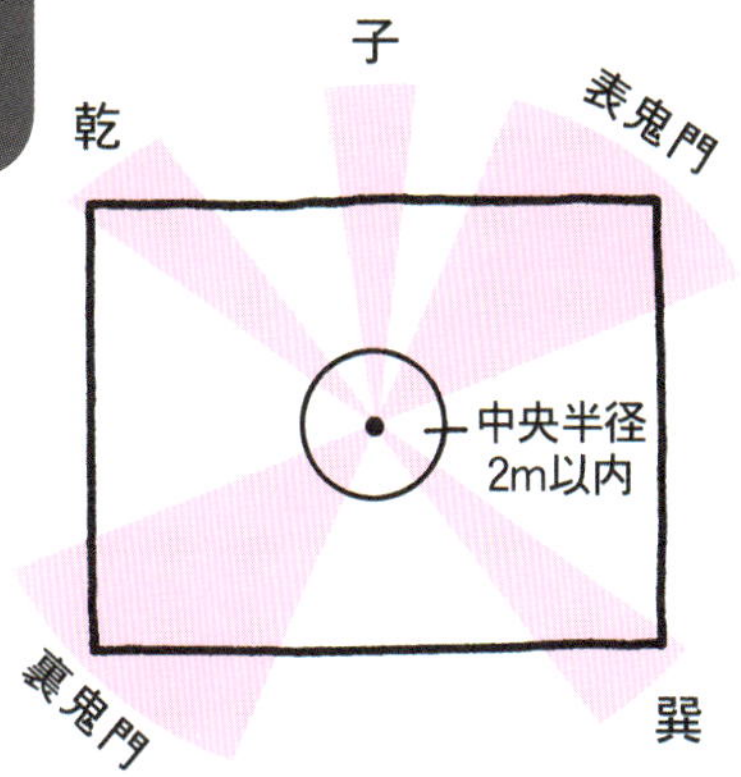

× 家の中心、北東の表鬼門や南西の裏鬼門、家族の十二支方位、東南の巽方位、北西の乾方位、北の子方位に浴槽を配置すると凶相になる。

窓

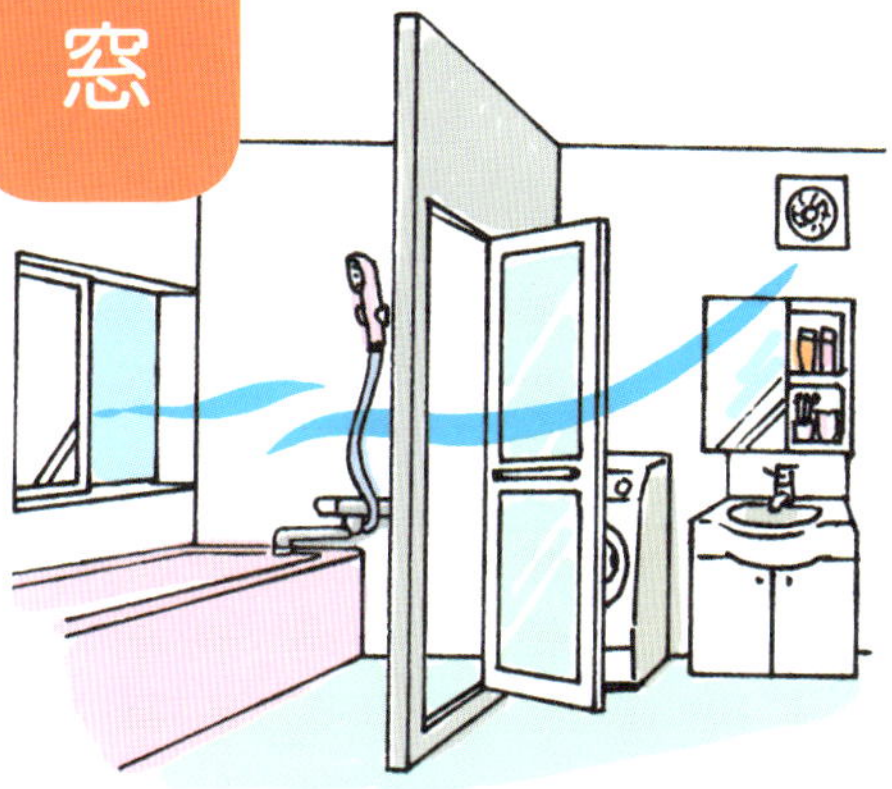

○ 浴室には、必ず換気に適した窓を設置。洗面脱衣室にも窓や換気扇を設け、湿度を逃がすようにする。難しい場合はドアを開けておく。

浴槽

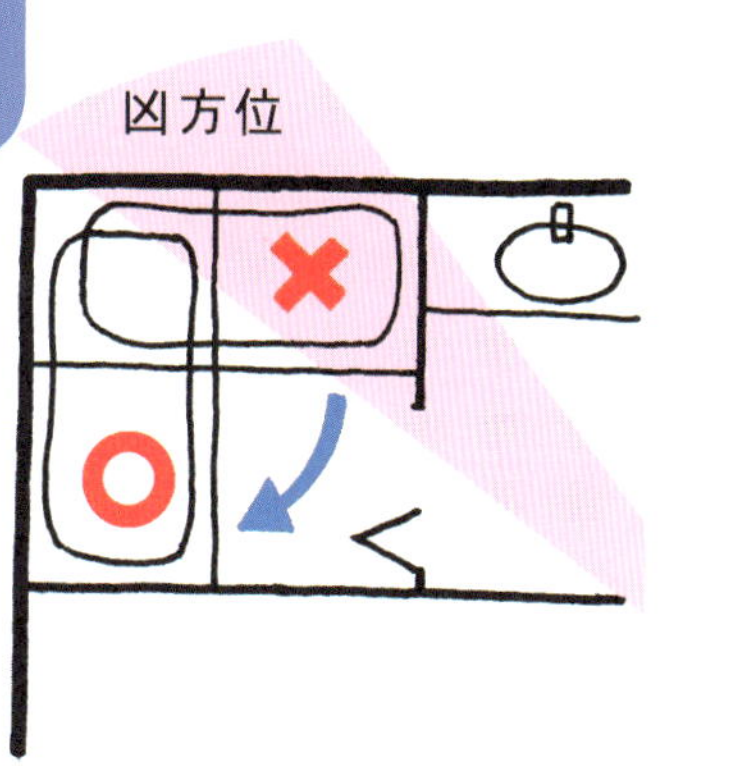

○ 鬼門方向に浴室がある場合、浴槽の向きを横から縦に変えることで凶相を軽減できる。凶相にあたる部分が浴槽全体の３分の１程度なら問題ない。

することもできます。また、凶相となるスペースが、浴槽全体の3分の1程度におさまるようなら問題ありません。

お湯をすぐに流して、湿気がこもらないようにする

なぜ浴室やトイレなどの水まわりが凶相になるかというと、水は滞ると腐敗する性質があるからです。つまり、気が流れないということ。水回りは家族の健康運に大きく影響します。お風呂に入ったら浴槽のお湯はすぐに流して、湿気がこもらないようにしてください。いくら浴室や浴槽が無難な方位でも、浴槽に水が長時間たまったままで、湿気がこもっている状態では無難な家相とは言えません。

もちろん、窓は必須です。洗面脱衣室にも窓を設け、換気扇なども設置するようにしましょう。洗面脱衣室に吉凶はありませんが、窓がないと湿気も逃げにくくなります。もし、設計上、窓が難しいようであれば、洗面脱衣室のドアは開けておくようにしてください。

お風呂に入ることで1日の疲れがとれることはもちろん、嫌な運気も流してくれる大切な場所です。方位や通風、採光などを工夫して、気持ちよく入りたいものです。

火や水を使う
キッチンは配置に注意

キッチン

ガスコンロなどの火気、シンクや排水管などの水回りが集中するキッチン。シンクやコンロ、向きや配置でも、運気は大きく変わる。キッチン自体が鬼門にあたっても、火気とシンクを避ければ良い。日当たりや風通しの良さ、整理整頓に気を配り、明るく清潔なキッチンづくりをしよう。

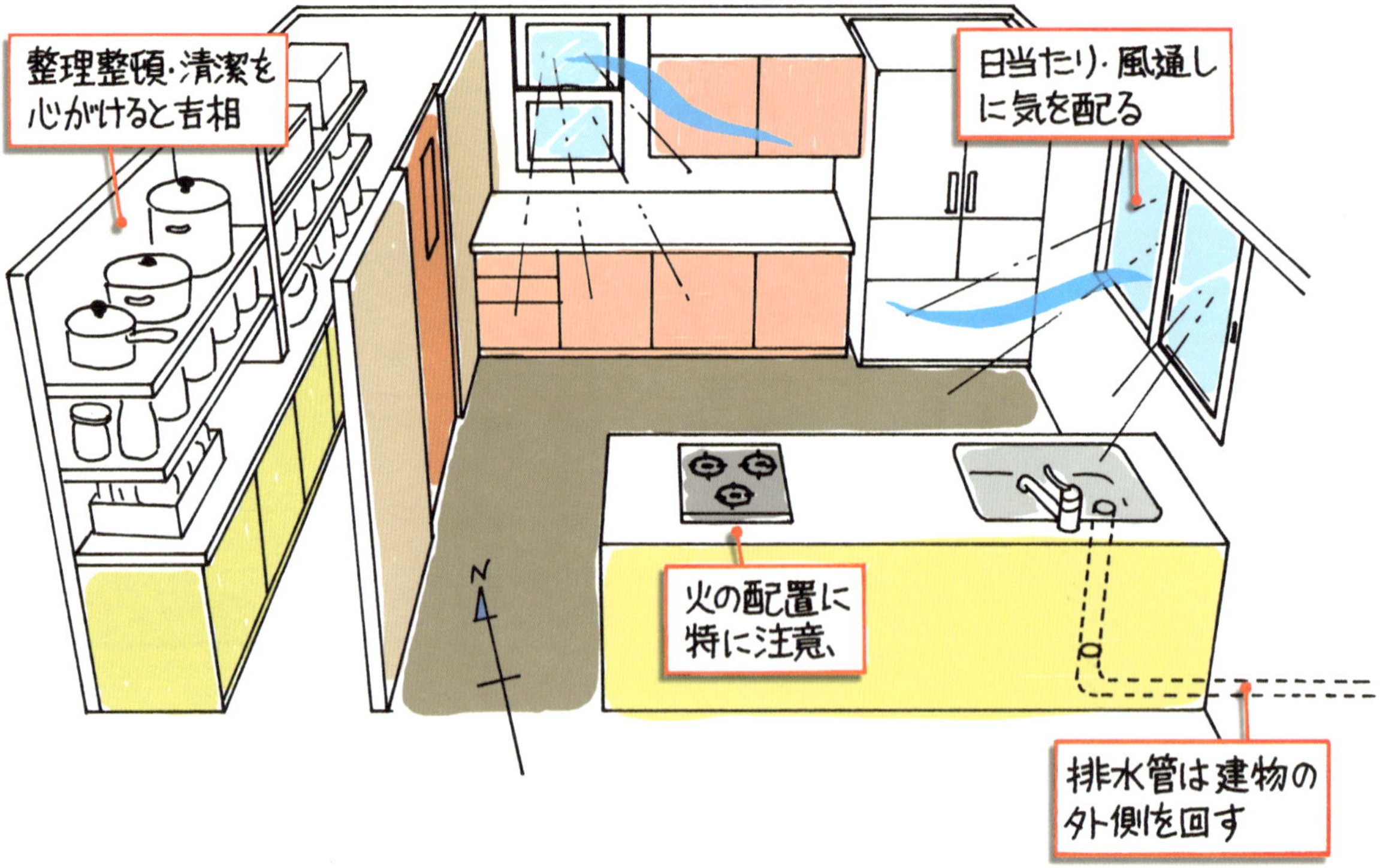

整理整頓・清潔を心がけると吉相
日当たり・風通しに気を配る
火の配置に特に注意
N
排水管は建物の外側を回す

北東の表鬼門と南西の裏鬼門は凶方位

キッチンは家事動線の中心であり、家づくりにおいても、家相学上でも、様々な影響をおよぼすため、最重要ポイントであるともいえます。

キッチンの吉凶は、火気とシンクの二つから考えることができます。この二つを無難にすることで、凶相を避けましょう。特に火気は、シンクよりも家相に及ぼす影響が大きいため、十分な注意が必要です。

火気を配置してはいけない危険な方位は、北東の表鬼門と南西の裏鬼門方位、東南の巽方位と北西の乾方位、北の子方位が挙げられます。加えて、家族全員の十二支方位も避けたほうがいいでしょう。また、同じ火気でもガスレンジとＩＨヒーターでは危険度が異なります。もし危険な方位に火気を配置せざるを得ないときは、ＩＨヒーターに切り替えるなどの工夫をしましょう。

シンクについては、方位にかかわらず、常に清潔に使うことが吉相につながるのだと考えてください。ただし、配管には要注意。建物の下を排水管が通るのは家相学上あまり良いこととは言えません。必ず最短

IHヒーター

○ 最近増えているIHクッキングヒーターは、炎が出ないためガスコンロよりは無難。しかし火気であることには変わりなく、配置には十分に注意。

火気・水回り

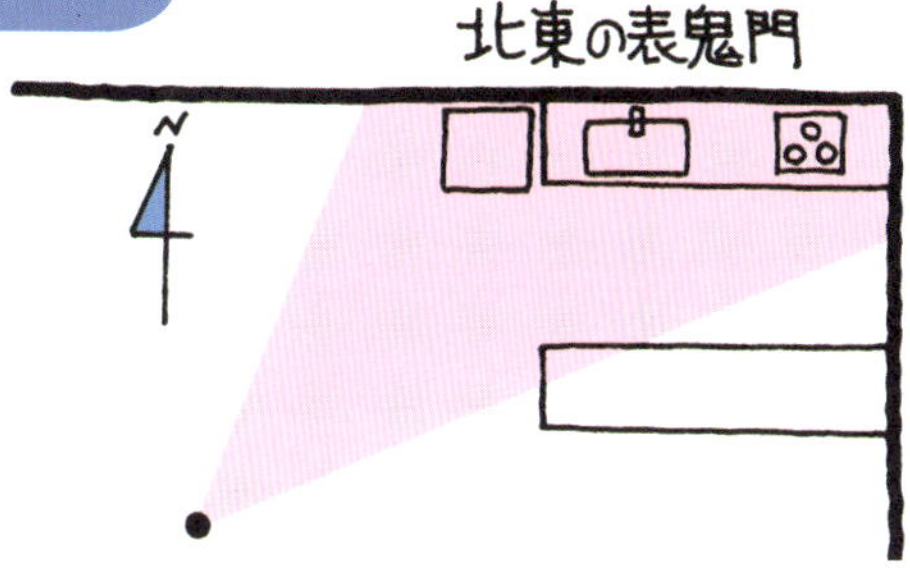

× 北東の表鬼門に火気があると凶相になる。キッチンそのものが北東でもよいが、火気とシンクのみは避けること。

アイランド型

× 火気の配置は、鬼門の他に家の中心から半径2mの範囲も避ける。アイランド型キッチンや対面キッチンは、家の中央に火気が置かれる場合があるので注意。

収納

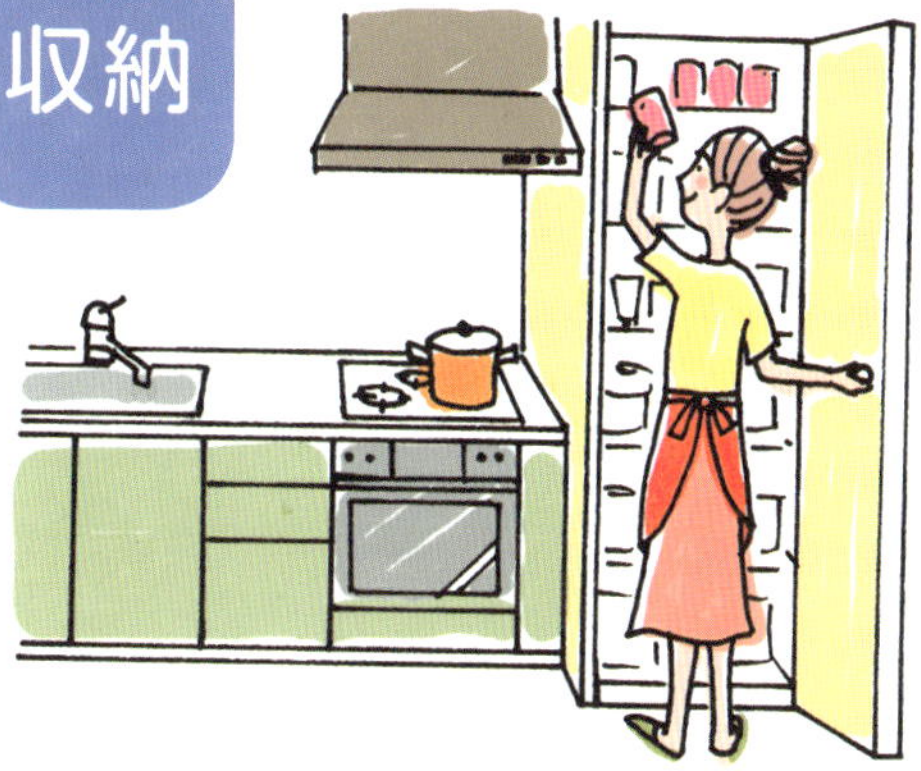

○ 鬼門は避けるのが無難だが、どうしても南西の裏鬼門にガスコンロがある場合は、角にパントリーなどの収納を置くことで、凶相を避けることができる。

経路で建物の外に出すようにしましょう。

また、火気・シンクともに、家の中心に置いてしまうと凶相になってしまいます。中心から半径２ｍより外の部分に配置することを心がけましょう。

気持ちいい環境が家相においても大切

キッチンは、使う人によって様々なスタイルが存在します。近年人気となっている対面キッチンやアイランドキッチンなど種類は様々ですが、まず自分の感性と合致するものを選んで、その上で家相について考えるのが理想です。

その時に、同じく考えておきたいのが風通し。風通しが悪ければ、換気がうまく行かず煙が充満してしまったり、湿気がいつまでも残ってカビの繁殖に繋がってしまいます。換気扇が効率良く回るように離れた場所の窓も開け放ち、風を通すような習慣をつけましょう。

また、採光も重要です。窓が小さいなど、十分な採光が取れない場合は、トップライトを活用しましょう。綺麗な空気を取り入れ、気持ちよく作業ができる環境にキッチンを保つことは、家相学上で大切なことです。

建物の中央の階段は大凶相になる

階段

階段の配置は、家相学上で重要とされている。もっとも避けたいのは、建物の中央。あらゆる運気が悪くなるといわれている。中央を避ければ、基本的にどの方位に配置しても大丈夫とされる。

方位

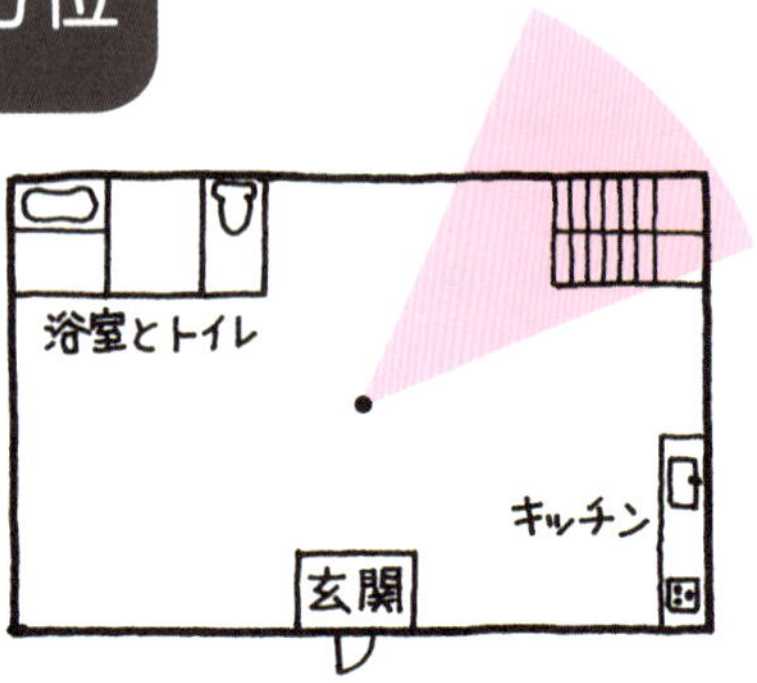
浴室とトイレ
キッチン
玄関

○ 階段は北東の鬼門方位に配置するのがおすすめ。他の方位を玄関や水回り、火気などにあてると家相の良い家づくりがしやすくなる。

階段下のトイレ

○ 階段下のトイレは、凶相の方位を避ければ、特に問題はない。配慮する場合、トイレを避けるべき方位はP93を参考にして。

階段は家の中央を避ける
半径2m、最低でも1m以内の配置は避ける
建物の中心

家の中央は避けて配置する

家相の良い家づくりで重要とされている階段の位置。最近は、効率性の良さから家の中央に階段がある場合が多いようですが、これは家相学上ではなんとしても避けたい配置です。

家の中央は、人間の身体でいえば背骨にあたる位置。中央を階段にしてしまうと、背骨のない身体のような状態になり、あらゆる運気が悪くなってしまいます。建物の中心から半径2m以内、家が狭くて難しい場合は、最低でも建物の中心から半径1m以内に階段を配置するのは避けましょう。

中央を避ければ、基本的に階段はどの方位に配置しても大丈夫。おすすめは、北東の鬼門方位です。北東は日当たりが悪く、鬼門方位なので水回りや玄関を配置しないほうが良いとされています。このスペースを階段にしてしまい、他の方位を玄関や水回りなどにあてたほうが、家相の良い家づくりがしやすいでしょう。

また、階段下にトイレを設置する場合は、トイレの凶相（P93参照）を避けるようにしましょう。

方位よりも幅、長さに注意

廊下

建物を２分するように、家の中央に走る廊下は凶相とされている。特に廊下を境として二世帯住宅のように建物を使うのは、トラブルを招くとされるため、避けたほうが良いだろう。

囲い廊下

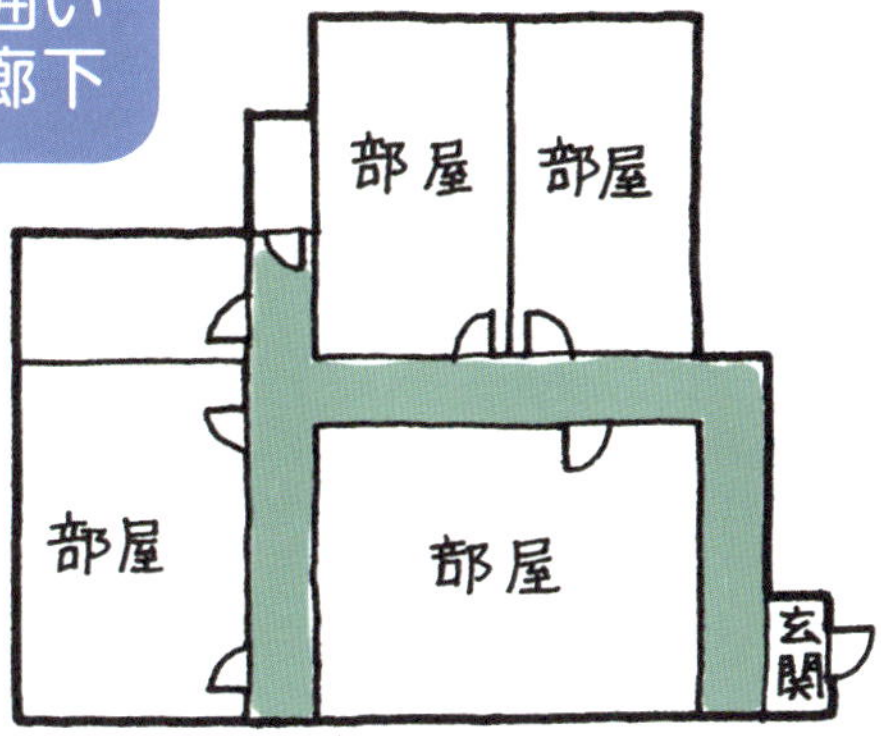

✕ 廊下のスペースが大きくなりすぎると、「欠け」とみなされる。廊下の面積が大きくなりがちな囲い廊下は、凶相になる場合がある。

渡り廊下

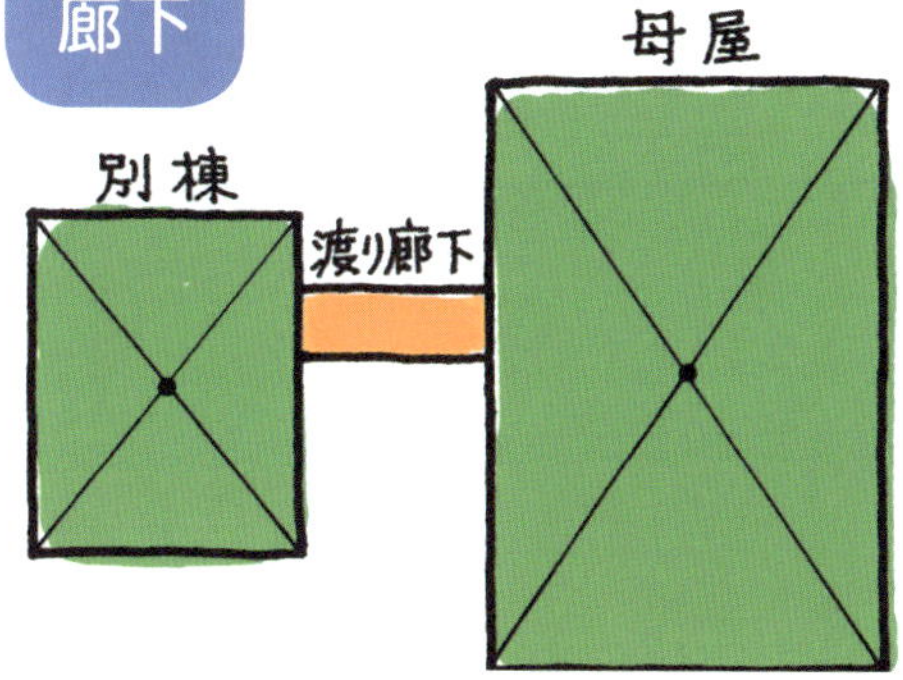

○ 母屋と別棟をつなぐ渡り廊下は、幅を１間以下、長さを１間半以上にすると良いとされる。この場合、母屋と別棟は別の建物と考える。

建物を2分する廊下や囲い廊下、トイレが丸見えの廊下は避けて

家相上では、建物を2分するように家の中央に走る廊下は凶相です。特に、建物を廊下で2分して二世帯住宅のように使うのは、両家の間にトラブルが起きる危険があるため、避けたほうが良いでしょう。

また、廊下のスペースが建物の大きさに対して大きくなりすぎると、廊下の部分が「欠け」とみなされ、凶相になります。廊下が部屋の3方や4方を囲ってしまう囲い廊下は、廊下のスペースが大きくなり、これも凶相とみなされることがあります。

トイレと廊下の配置にも注意が必要です。トイレの扉を開けたとき、廊下からトイレの中が丸見えになってしまう場合は凶相です。廊下の突き当たりにトイレがある場合は、トイレの中が廊下から見えないか確認しましょう。

母屋と別棟をつなぐ渡り廊下にも、家相学上の決まりがあります。渡り廊下は、幅は1間（約1・8m）以下、距離は1間半（約2・7m）以上にするのが良いとされています。この場合、母屋と別棟は別の建物とみなし、建物の中心もそれぞれでとることになります。

不浄物の車を収める車庫は
十分に注意して

駐車場

もっとも避けたいのは、建物の一部を車庫にするビルトインタイプ。方位に関わらず凶相になる。車庫の２階部分に子ども部屋を作ってしまうと大凶相になるため、なんとしても避けたい。

車庫の上の子ども部屋は大凶相
凶相
ビルトインはもっとも避けたいタイプ

埋め込みタイプ

もっとも無難とされているのが、建物の地下部分に車庫を埋め込んだタイプ。車庫の大きさは、建物の３分の１以内に収めると良い。

配置

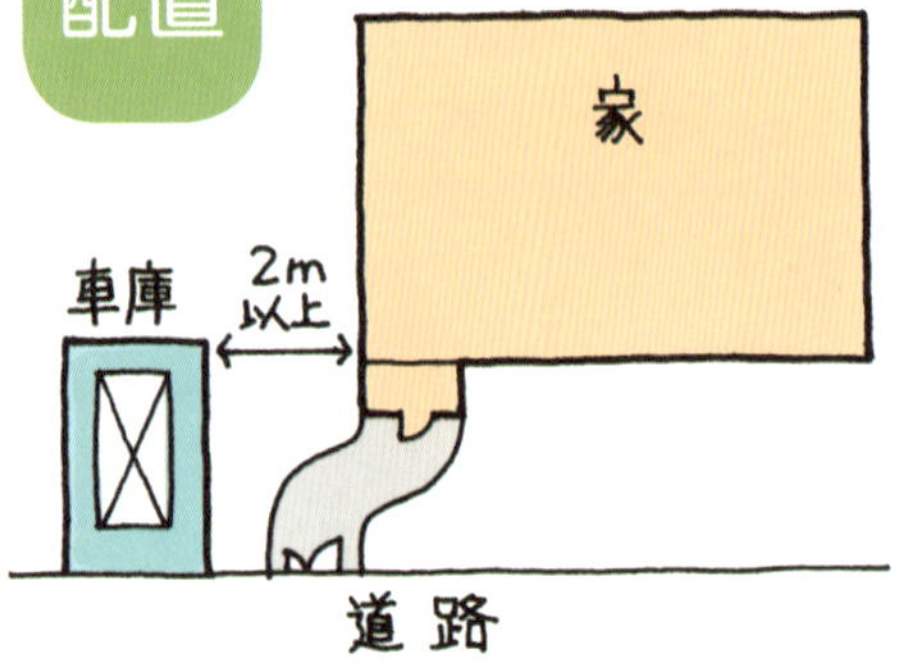

家
車庫
2m
以上
道路

車庫は家から2m以上離して設けると無難。ただし、鬼門方位は避けること。

要注意のビルトインタイプ。特に子供部屋との関係に注意！

家相上では、車は排気ガスを出す不浄物として扱われます。そのため、駐車場の配置にも気を配りたいものです。

もっとも避けたいのが、建物の一部を車庫として利用するビルトインタイプ。これは、方位に関わらず凶相になります。特に、車庫の2階部分に子ども部屋があたってしまう場合は大凶相になりますので、絶対に避けましょう。また、車は不浄物ですので、鬼門方位に車庫を作ることも、当然、凶相になります。

逆にもっとも無難とされているのが、敷地の傾斜を利用して、地下部分に車庫を埋め込んだタイプ。建物と車庫の間に土があることが好ましいですが、車庫の上部に建物の基礎を直接連結させても構いません。注意したいのは、車庫の大きさです。建物の1階の面積に対して3分の1程度の大きさに抑えるのが良いでしょう。

また、門扉の外に車庫を配置することができれば、車庫と建物を別の敷地で仕切ることになり、負の気を軽減することができます。車庫と建物の間の距離は、可能ならば2m以上離しましょう。

神棚・仏壇は
お参りのしやすい場所に配置する

神棚・仏壇

神棚・仏壇は手を合わせてお参りをするためのもの。家の中でも、人が集まるリビングやダイニングが適切といえる。仏壇の向きは、宗派に合わせる。神棚は南か東に向けるのが基本。

火気・水回り

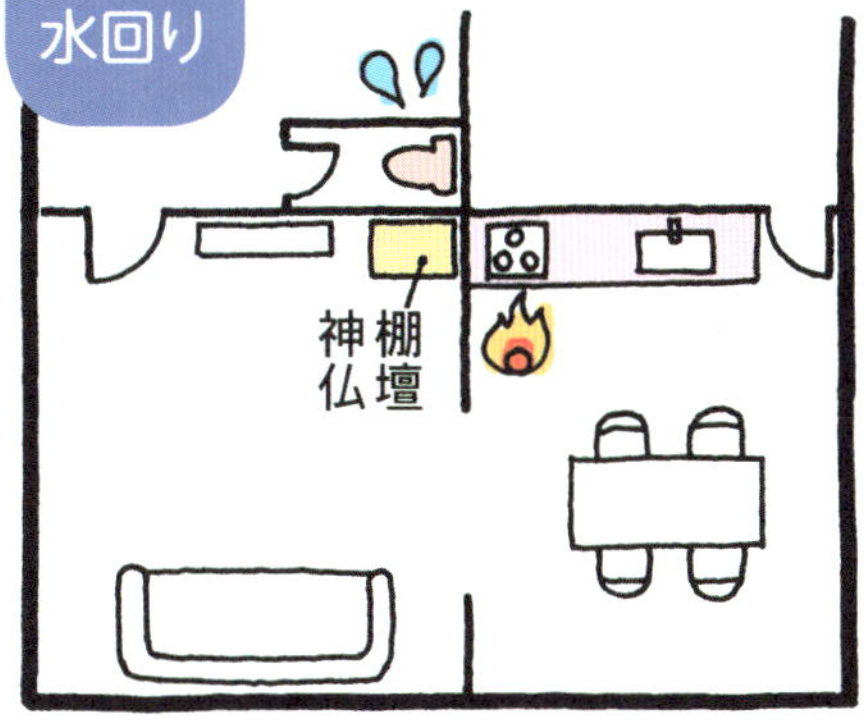

×　神仏は失礼のないように扱いたい。たとえば、仏壇と背中合わせや隣合わせに火気や水回りなどの不浄物があると、失礼にあたる。

配置

○　神仏の上を人が歩き、踏みつけてしまうような場所は避ける。観葉植物などを置くことで、強制的に上を人が歩けないようにするのも手。

お参りのしやすさを重視して

基本的に、神棚・仏壇は手を合わせてお参りをするためのもの。配置を決めるときは、家族のお参りのしやすさを重視しましょう。リビングやダイニングといった、人が集まる場所に置くのがおすすめです。

しかし、いくら人が集まるとはいえ、トイレやキッチンの火などの不浄物が背中合わせや隣合わせになる場所、上を人が踏んで歩いてしまうような場所は、失礼にあたりますので避けてください。上部に観葉植物などを置き、強制的に人が歩けなくするのも工夫の1つです。

神棚がある場合は、仏壇は神棚より下に配置します。また、仏壇と神棚が向かい合うのは凶相になります。

家庭の事情で家に2つ以上の仏壇がある場合は、別々の部屋に安置することが適切といえます。

仏壇の扱いに関して注意したいことは、仏教の宗派による考え方の違いです。菩提寺に問い合わせ、相談するのが安全でしょう。特に、仏壇の向きは意見がわかれるところになりますので、専門家によく確認してください。

知っ得コラム

家相をマンションに活かすことはできる?

ここまで様々な家相を見てきましたが、マンションはどうなっているの？と思った方もいらっしゃるでしょう。家相とは時代と共に進化するものです。マンションも住居のひとつの形式になっている現在、家相を活かすことは十分に可能です。まず、建物全体の構えを判断します。具体的には、出入り口は中心から見て鬼門を避けるようにします。また、斜面に建っているものや地下の駐車スペース、高層建築は凶相になりやすいので注意しましょう。そして各戸について、〈変形している部屋〉、〈鬼門方位の玄関〉、〈火気とトイレを鬼門か中央に置く〉、この3つを避けるようにします。全体と各戸の家相を無難にすることが、マンションでの家相の活用の基準です。さらに、トイレや浴室に窓があるタイプを選ぶのも重要となりますので、覚えておくとよいでしょう。

第6章

悩み別「幸せな間取り」Before→After

家族に人間関係がうまくいかない、健康がすぐれない、仕事運や金運が悪い、など
あなたのまわりにも悩みがあるでしょう。もしかしたら、今住んでいる家の間取りが悪く、
いつのまにか、トラブルを呼びこんでいるのかもしれません。今すぐ、改善案を知って手を打ちましょう。

CONTENTS

お悩み 1

家族・義父母・親戚と仲良く暮らしたい

玄関が「欠け」ていると、人間関係がギスギスしやすくなります。
また、財産をつかさどる北西や鬼門に問題があると、金銭・身心のトラブルの可能性も。

Before

玄関が欠け

北西玄関のプラン。方位自体は問題ないが、引っ込んだ形の「欠け」になっている

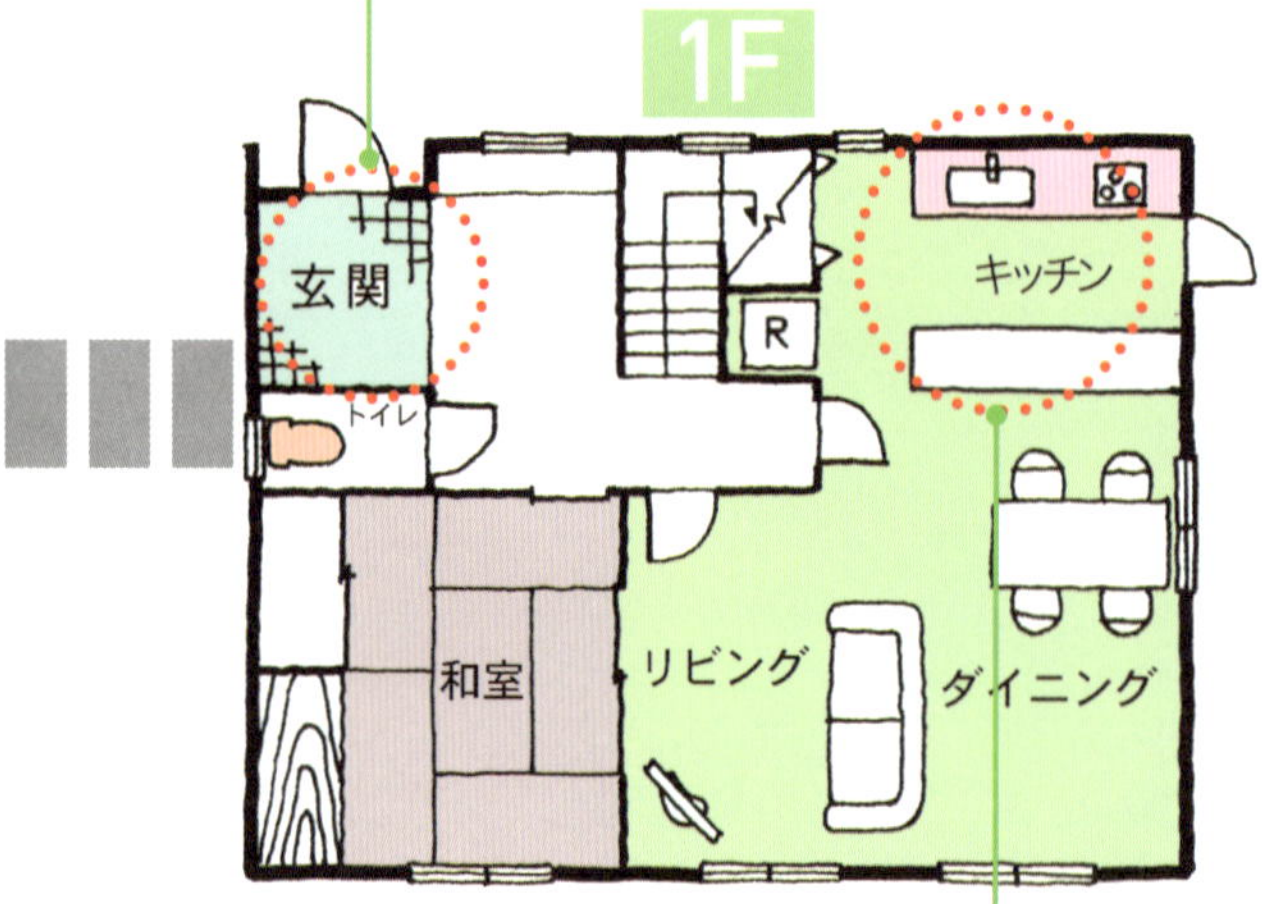

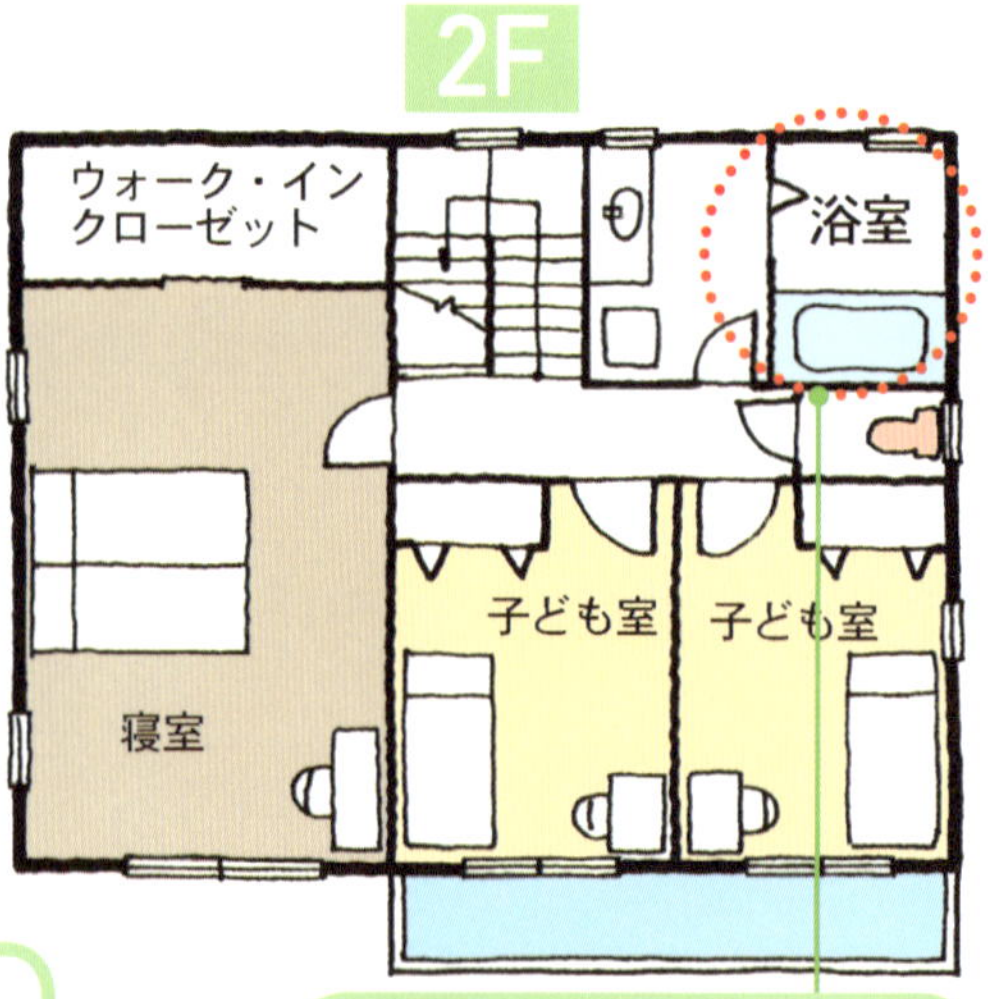

キッチンが鬼門

キッチンが北東の表鬼門に位置する。キッチンには火と水の両方があり、鬼門に置くのは凶相

浴室が鬼門

1階のキッチンの上の部分、つまり北東の表鬼門に浴室が位置する。鬼門に水を置くのは凶相

家の顔である玄関の「欠け」が致命傷

建物は比較的無難な真四角な形となっています。北西に玄関を配置し、南側を広くリビングや子ども室に当てているのも、住んでいる家族が気持ちよく暮らせる家になっていると思われます。

しかし、この家の大きな難点は、家の顔である北西の玄関が「欠け」になっていること。そもそも玄関が「欠け」ていると、人間関係がギスギスしやすくなります。

北西は家相でいうと財産とか金運を司るとても大切な方位です。ここに小さくとも「欠け」があると、いつも財産や家計のことでいざこざが起きがちです。こうなると心にも余裕がなくなり、自然と家族同士ももめがちになってしまうわけです。

また北東の表鬼門にキッチンと風呂が位置するのは凶相。鬼門のガスレンジや浴槽から来る精神や体の不調は、不安やイライラを溜めこむ原因になります。良好な人間関係を築くためには、自分自身の身心も整えておかなければなりません。キッチンと風呂は鬼門から外して、心身への悪影響を避けましょう。

玄関に「張り」を出すことで 金銭的に恵まれ、人づきあいもうまくいく

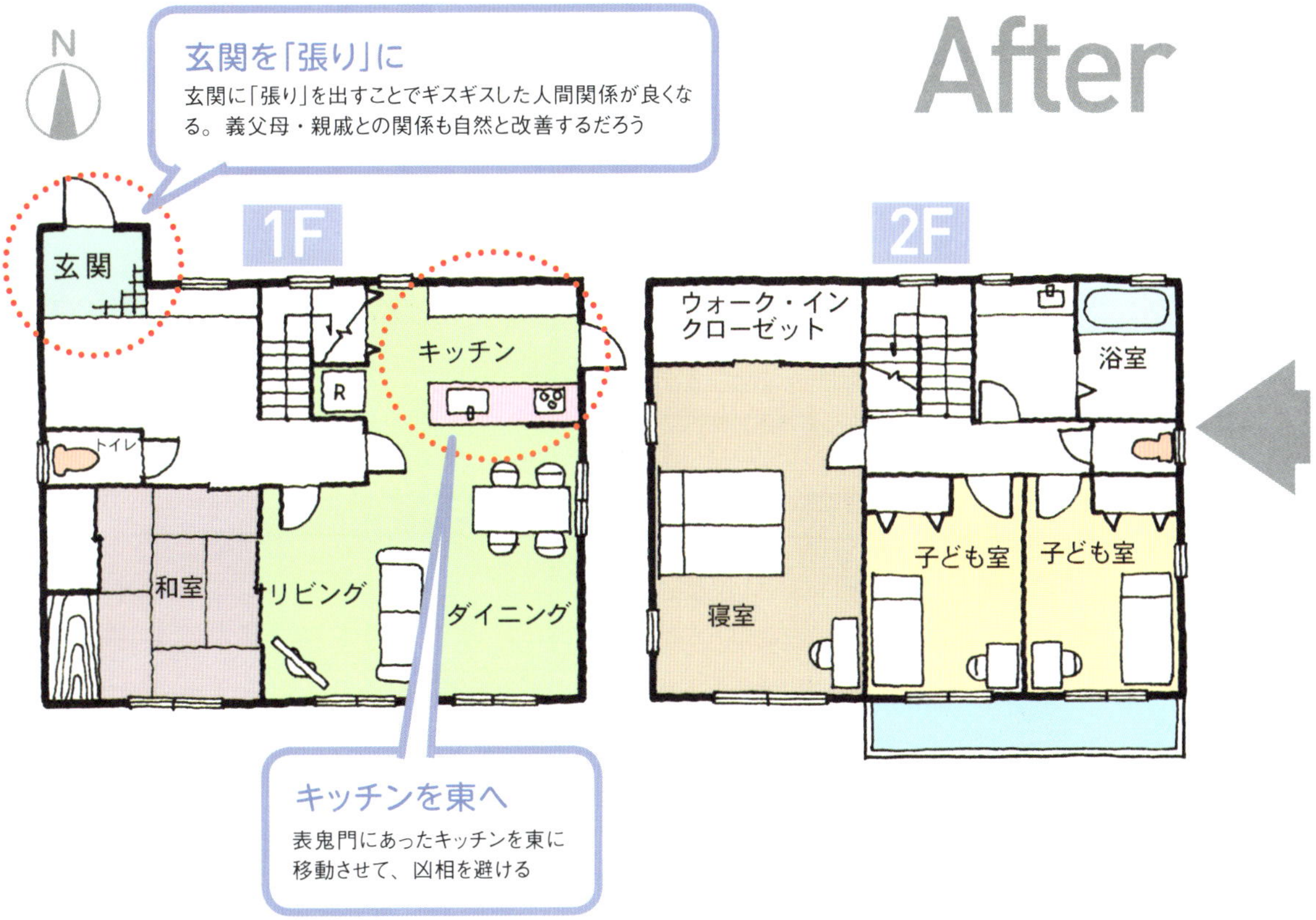
N
After
玄関を「張り」に
玄関に「張り」を出すことでギスギスした人間関係が良くなる。義父母・親戚との関係も自然と改善するだろう
1F
2F
玄関
キッチン
R
トイレ
和室
リビング
ダイニング
ウォーク・イン クローゼット
浴室
寝室
子ども室
子ども室
キッチンを東へ
表鬼門にあったキッチンを東に移動させて、凶相を避ける

方位 ワンポイント

玄関はもともと「欠け」の要素があるので、構造的に欠けるのは凶相

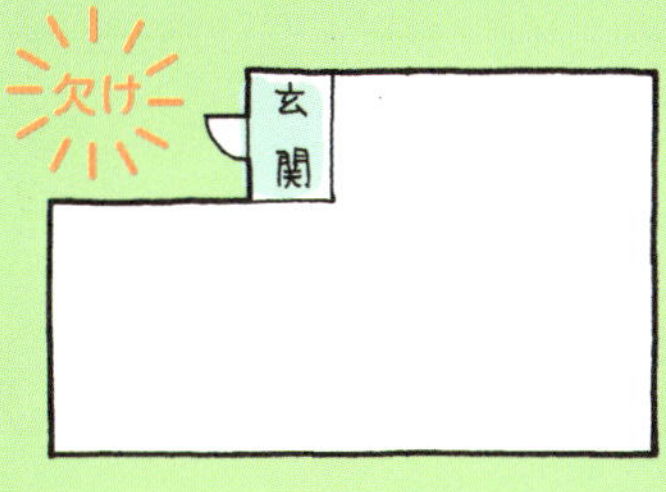
欠け
玄関

玄関は家の中心から見て、北東の表鬼門と南西の裏鬼門方位は絶対に避ける必要があります。家の顔である大事な場所ですから、両鬼門方位の中心を貫く鬼門線の線上だけでなく、鬼門の範囲すべてを避ける必要があります。方位的に問題がなくとも、「欠け」になっていると凶相。玄関のたたきは、もともと凶相の欠けに近いので、それに拍車をかけてはいけません。「張り」を出すことで、吉相に転じることが大切です。

お悩み 2

健康で仲良く暮らしたい

都市部に多い、家の中央部にデッキや吹き抜けがある大凶相の家。このままでは、家族が健康を害し、もめごとの絶えない家になってしまいます。

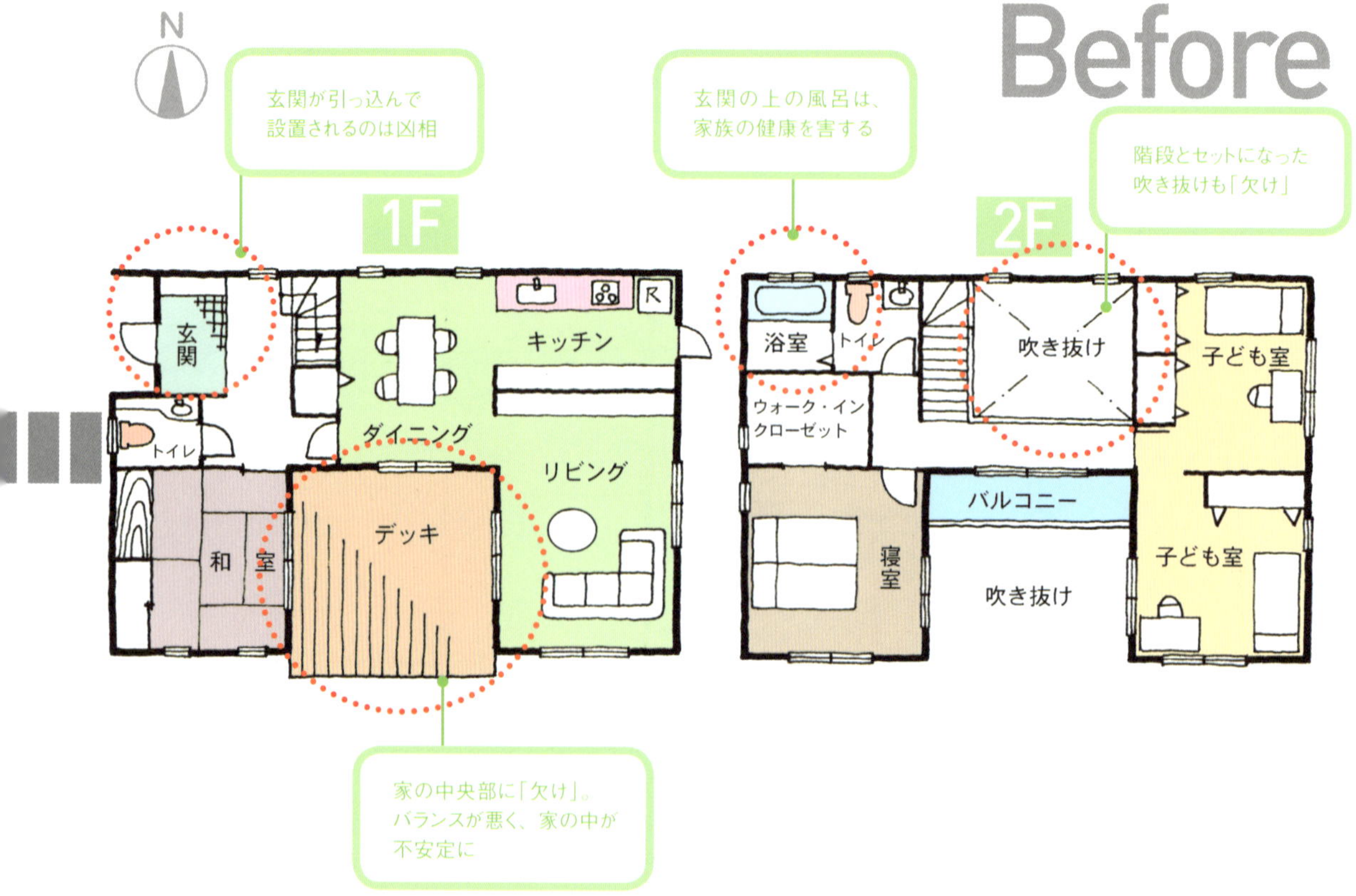

欠けた玄関とその上の浴室。より凶相に

最近、家の中央部にデッキや吹き抜けといった「欠け」がある大凶相の間取りをよく目にします。敷地が狭い都市部では、採光や風通しを考えると仕方がないのかもしれませんが、家相的なマイナスが大きすぎます。

しかも、この家の場合、玄関に「欠け」があるうえ、玄関上に風呂という水回りがあります。これは家族が健康を害し、仲良く暮らせない大きな原因となります。健康を害するとついイライラして、家族の中でもめごとが多くなります。また、北東の表鬼門にキッチンがあるのも、もめごとの原因となります。

まず、家全体の欠けを修正し、建物を長方形に近づけます。そしてデッキ部分を居室とし、吹き抜けをバルコニーにします。玄関の欠けも修正。キッチンは壁に向かうのではなく対面式にして鬼門を避けます。そのうえで、風呂を1階に移し、凶相要素を取り除きます。

家の中央部の「欠け」があると、些細なことでもめる家族になってしまう

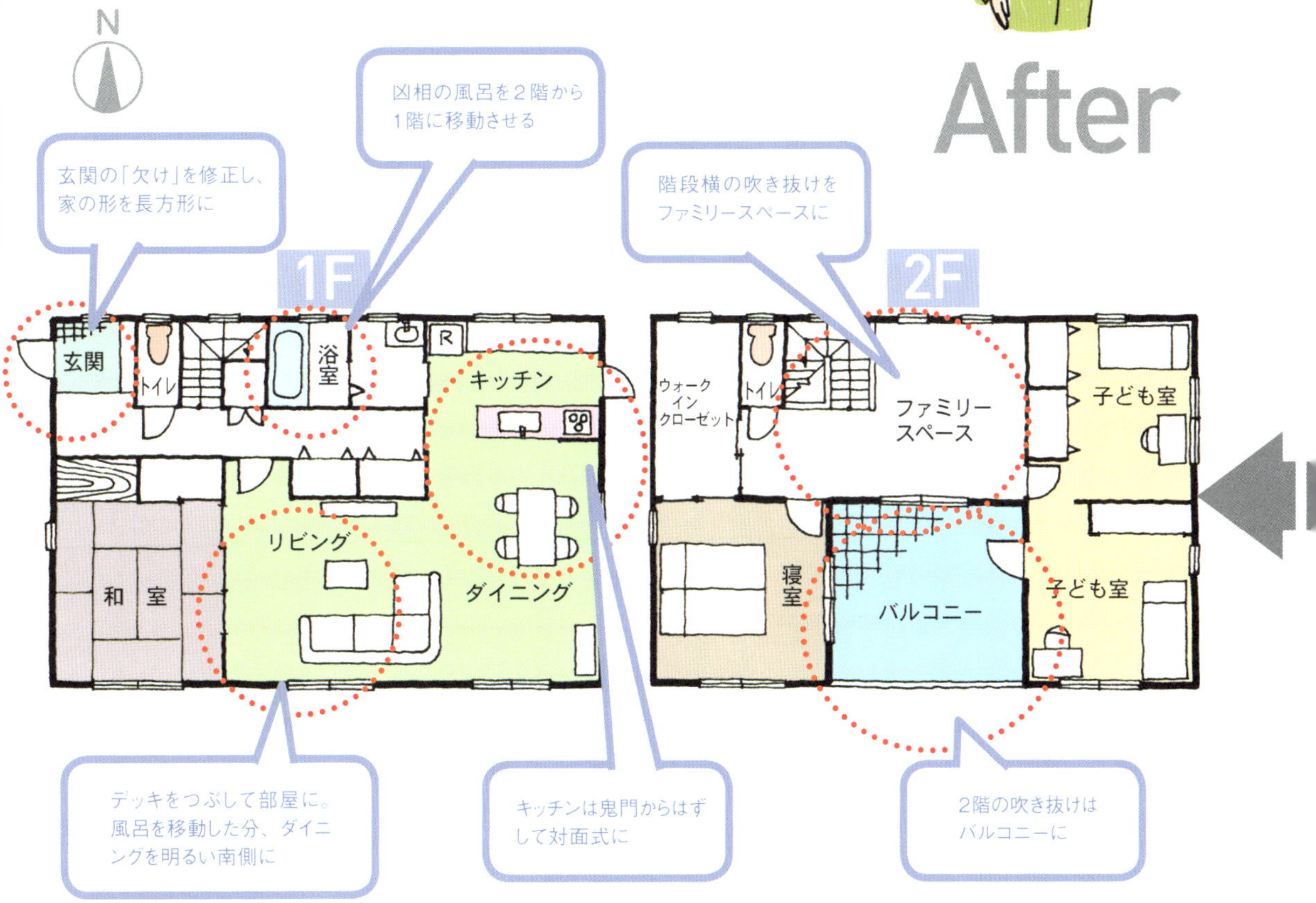
After
N
1F
2F
玄関の「欠け」を修正し、家の形を長方形に
凶相の風呂を2階から1階に移動させる
階段横の吹き抜けをファミリースペースに
玄関
トイレ
浴室
キッチン
リビング
和室
ダイニング
ウォーク イン クローゼット
トイレ
ファミリー スペース
子ども室
寝室
バルコニー
子ども室
デッキをつぶして部屋に。風呂を移動した分、ダイニングを明るい南側に
キッチンは鬼門からはずして対面式に
2階の吹き抜けはバルコニーに

方位ワンポイント

中心がとれない凹形の家は家族がもめる不安定な家

中心はどこ？
デッキ
欠け

凹形の家は、家の内部に中心がとれないことになり、それだけでも吉凶の判断ができない、判断不能の大凶相の家ということになってしまいます。建物の中心部がないのだから、とにかくバランスが悪く、家の中が不安定になってしまうということになります。結果、家族がバラバラになり、些細なことでもめるなどいつも家が落ち着かないことに。自営業では事業にもいざこざが起きる可能性が。

お悩み 3

子宝に恵まれる間取りにしたい

北西玄関の上部＝2階に水回りであるお風呂があるという家運が続かない凶相の家。
主人が早死にしたり、跡取りが生まれない不運に会う可能性大。

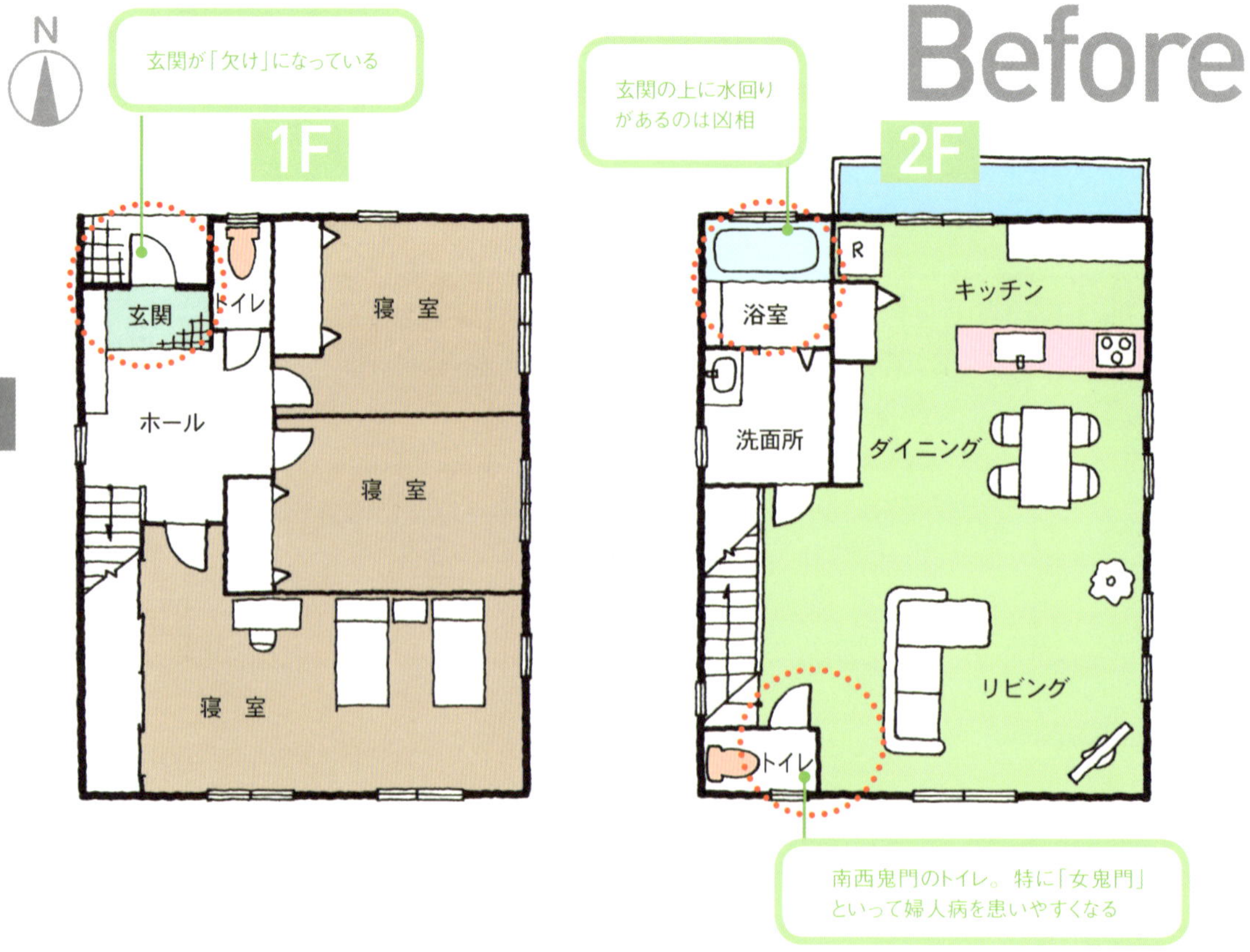

水回りが玄関上と裏鬼門にある、子どもに縁のない家

これでは子宝に恵まれないだろうということが、ひと目で想像できる間取りです。最大の理由は、玄関の上にあるお風呂と、南西の裏鬼門にあるトイレ。北西の玄関の上に水回りがある家は、ご主人が早死にしたり跡取りが生まれないといった、家運が続かない家相の典型です。さらに言うと、トイレがある南西の裏鬼門は、特に女性にとってよくない場所。昔は女鬼門と呼んだくらい。これでは、なかなか子宝に恵まれないという話もうなずけます。

子宝に恵まれたいならすぐに対応が必要ですが、水回りの箇所であるだけに大掛かりな工事になります。まず、玄関の上にあったお風呂は1階の北側居室を小さくして移動します。2階のトイレは1階のトイレ上部へ、もしくは2階建てですから撤去してしまってもいいでしょう。対応ができるだけ簡単で、最善の策がこれ。まず、最低限これだけはやってください。

可能であれば、玄関の「欠け」も修正したいものです。さらに吉相の「張り」があれば、子宝に恵まれる日も遠くありません。

北西・玄関上の風呂は、家族の健康を害します

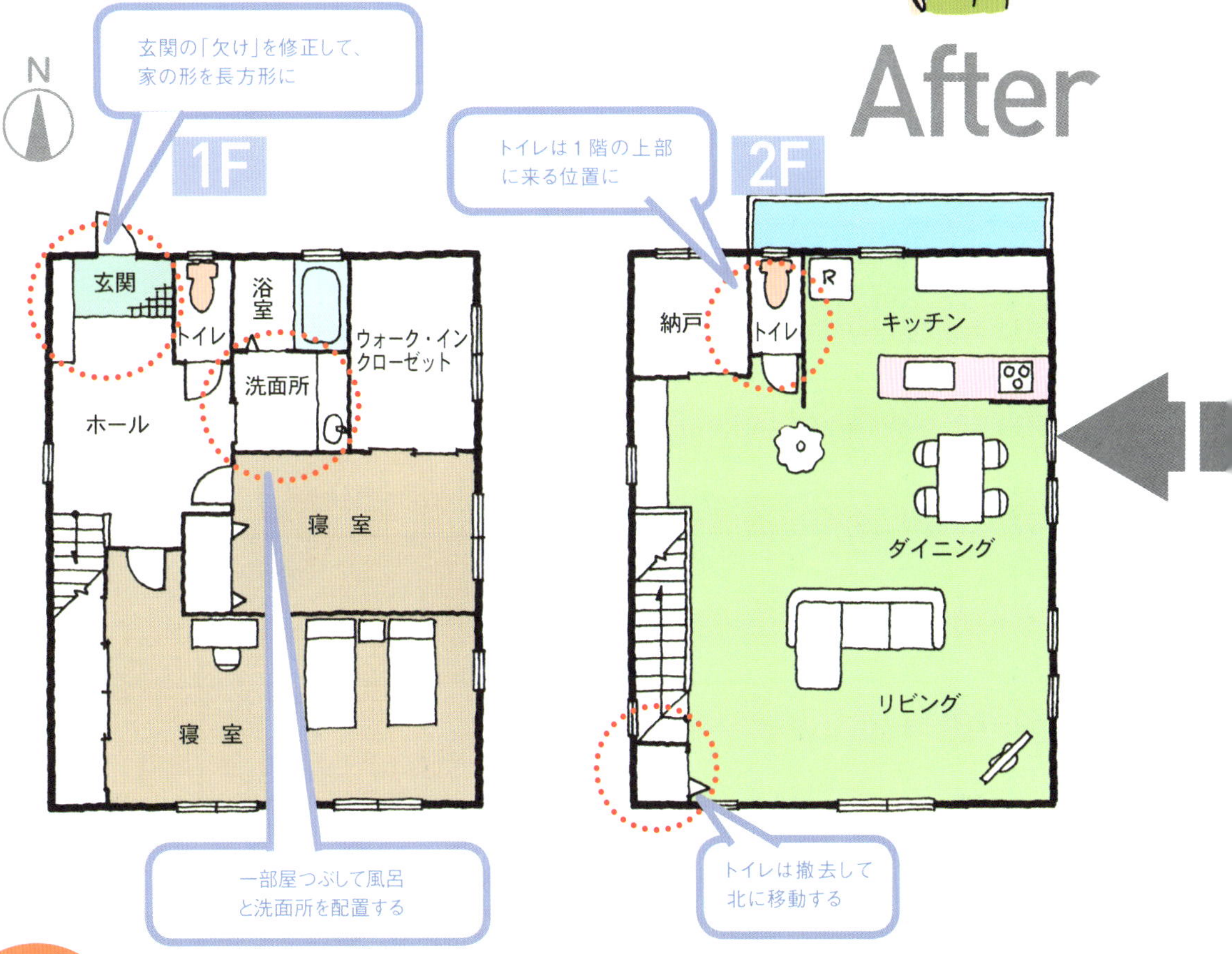
After
N
1F
2F
玄関の「欠け」を修正して、
家の形を長方形に
玄関
トイレ
浴室
洗面所
ウォーク・イン
クローゼット
ホール
寝　室
寝　室
一部屋つぶして風呂
と洗面所を配置する
トイレは１階の上部
に来る位置に
納戸
トイレ
キッチン
ダイニング
リビング
トイレは撤去して
北に移動する

方位 ワンポイント

玄関上の水回りは家族の健康を左右する

玄関の
上に風呂

　トイレや風呂などの水回りは家相上、不浄物として扱われます。これらは鬼門方位や家の中央部に配置するのは避けなければいけないのはもちろん、家の顔であり、もっとも大切な場所である玄関の上に配置するのもNGです。特にこの場合北西に位置し、家族方位上の「主人」にあたります。このままでは、「主人」が早死したり、跡取りが生まれなかったり、というお家断絶の憂き目も。

お悩み **4**

夫に健康で長生きしてもらいたい

家のどまん中に階段と吹き抜けのある家。
中心が取れず夫が早死にする凶相の住まいです。

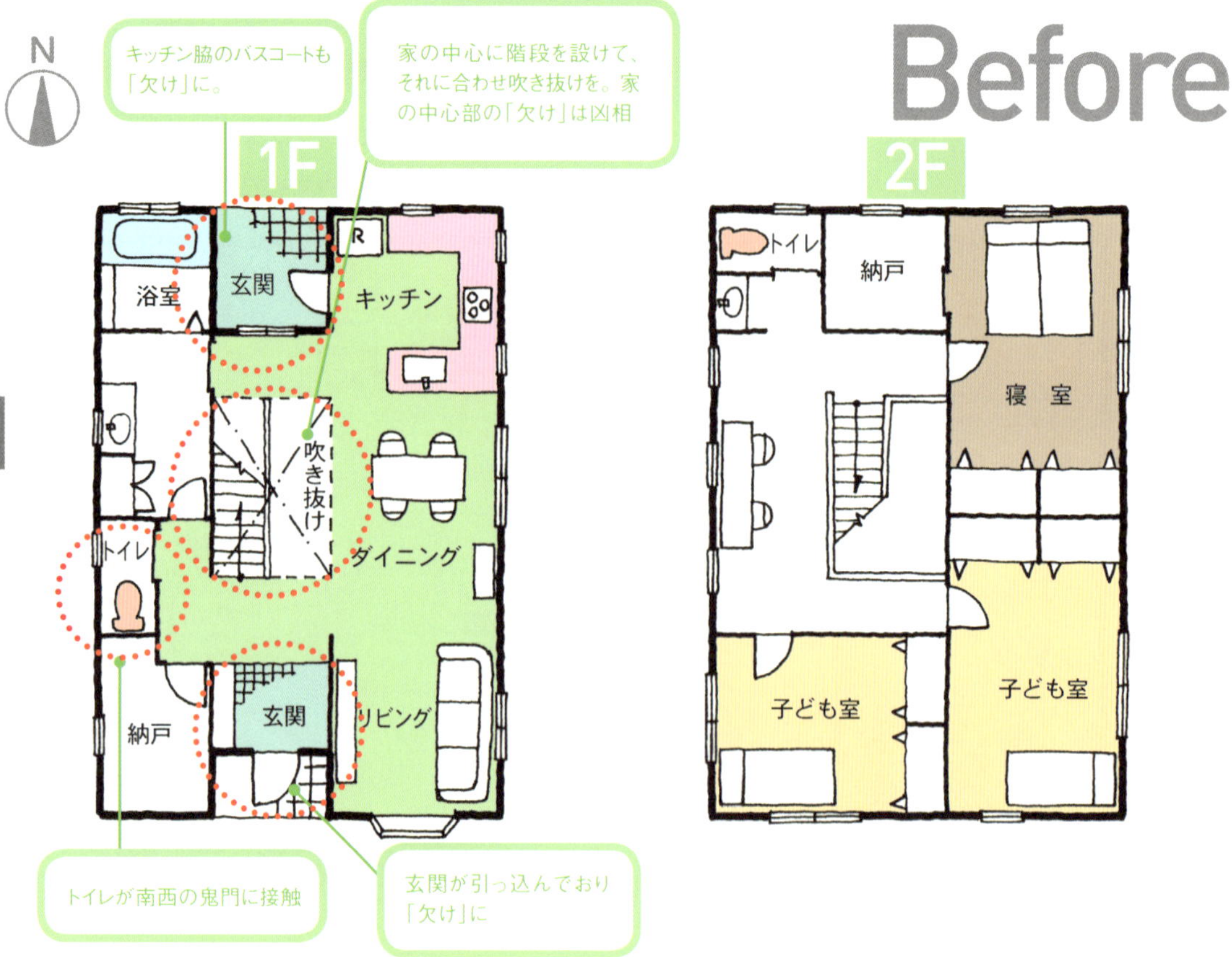

Before
N
1F
2F
キッチン脇のバスコートも「欠け」に。
家の中心に階段を設けて、それに合わせ吹き抜けを。家の中心部の「欠け」は凶相
浴室
玄関
キッチン
R
吹き抜け
ダイニング
トイレ
納戸
玄関
リビング
トイレが南西の鬼門に接触
玄関が引っ込んでおり「欠け」に
トイレ
納戸
寝室
子ども室
子ども室

中央の階段は一家の中心人物にとって凶相

この家は、南側1階に玄関を作ると、日当たりの良い南側の居室スペースが減ってしまいます。そのため、リビング・ダイニングの日当たりや採光を確保するために、家の中心部に階段を作り、さらに階段と連続して吹き抜け、その上部にはトップライトを設けて採光を確保しています。

一見、明るく空間の広がりもあり、好印象の家に見えますが、実は正反対。家の中央部分に階段があると、一家の主人が心臓などの重い病気にかかったり早死にしてしまう可能性があります。北側中央のバスコートの「欠け」、南側中央の玄関の「欠け」も良くありません。夫が家に寄り付かなくなってしまうのです。

北東の表鬼門に位置するキッチン、1階裏鬼門のトイレの位置も気になりますが、まずは階段の位置を変えて、夫が健康で長生きし、毎日きちんと家に帰ってきてもらうようにしなくてはいけません。

対策としては、北側の「欠け」部分に階段を作り、中央部分をリビング・ダイニングと一体化させます。家族が集うスペースを作ると、夫が家に帰りやすくなるのです。

中央階段では夫が長生きできない。
家の中心部は家相的には大切な場所

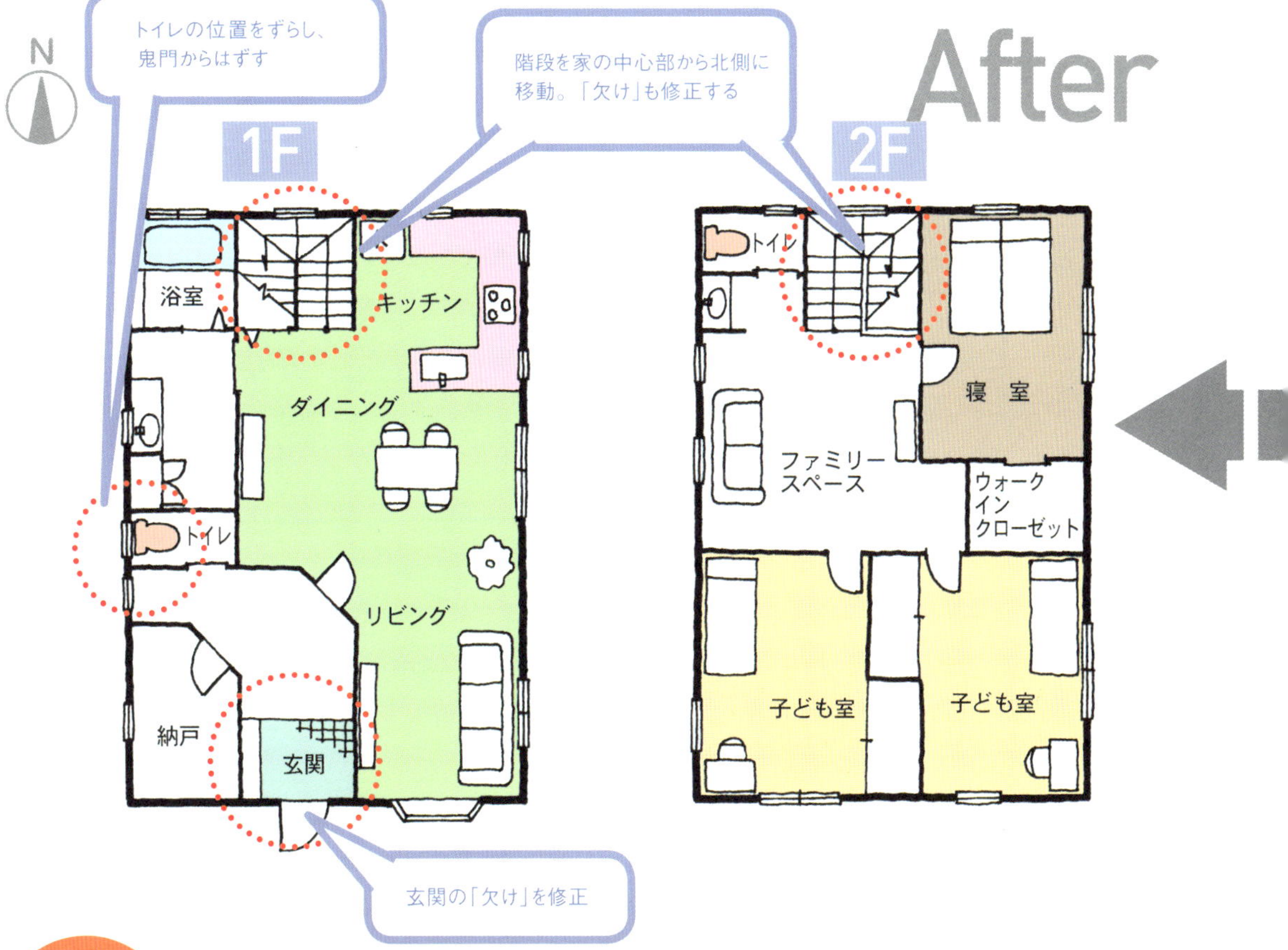

方位
ワンポイント

家の中央階段と吹き抜けは最悪の大凶相

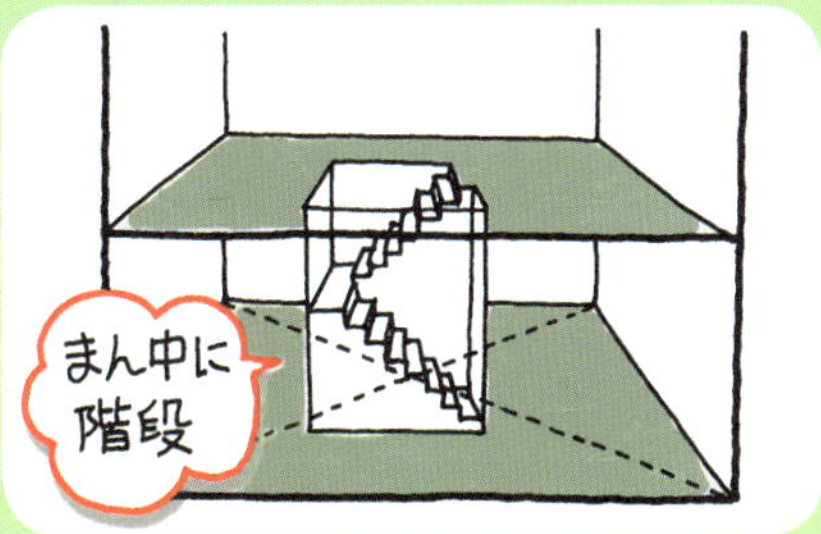

最近、中央階段の家を目にすることが多いです。しかし、家相上は家の中心近く、つまり中央部分に階段を配置するのは大凶相です。
家を人間の体に例えると、家の中心部は背骨の部分。背骨がない状態の家に住んでいては、家族の健康、特に中心となる人に悪影響を及ぼします。こうした家は、一家の主人や妻が事故やけがが、大病を患ったという話を多く耳にします。絶対にやめるべきです。

お悩み
5

逆境に強い家族になりたい

家の西側に大きな「欠け」があり、しかも、キッチンが中央部にある大凶相の家。
家族が精神的に弱くなるのも当然の家です。

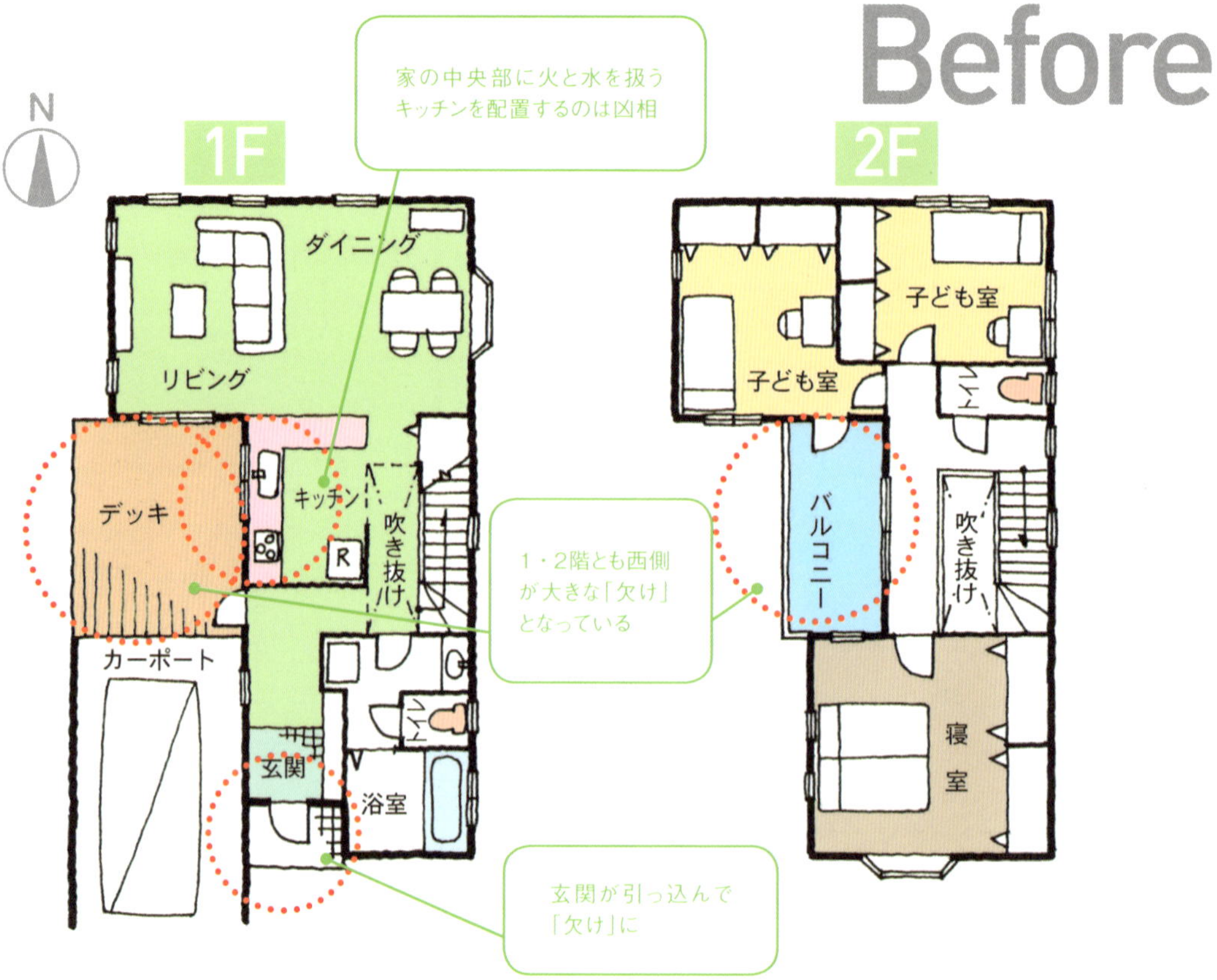

駐車スペースの大きな「欠け」が凶相の最大の原因

敷地に余裕がない中で駐車スペースを確保すると、どうしても大きく「欠け」のある家になりがちです。まさに、これもそんな家の典型です。

西から南西にかけての大きく欠けが、まさに凶相。さらに北側のリビングへの採光を確保するために、駐車スペースに続いてデッキを設けていることが、家相においてはさらに悪影響を与えています。

また、家の中心部に火と水の権化であるキッチンがあり、精神的に安定しない＝逆境に弱い原因となっています。

これを解決するためには、居住スペースは狭くなってしまいますが、北西部分を削ってキッチンを移動し、リビング、ダイニング、キッチンを一体化させたスペースを作ります。デッキへの張りを3分の1以下にすることで、家相への悪影響を軽減することができるのです。

1階に合わせて、2階の子ども部屋も小さくします。狭くなりますが、収納スペースをきちんと確保すれば、居住性に大きな違いはないはず。これでプラス思考になれる、逆境に強い吉相となります。

リビングを小さくして「欠け」を修正。中心のキッチンも移動することで逆境に強くなる

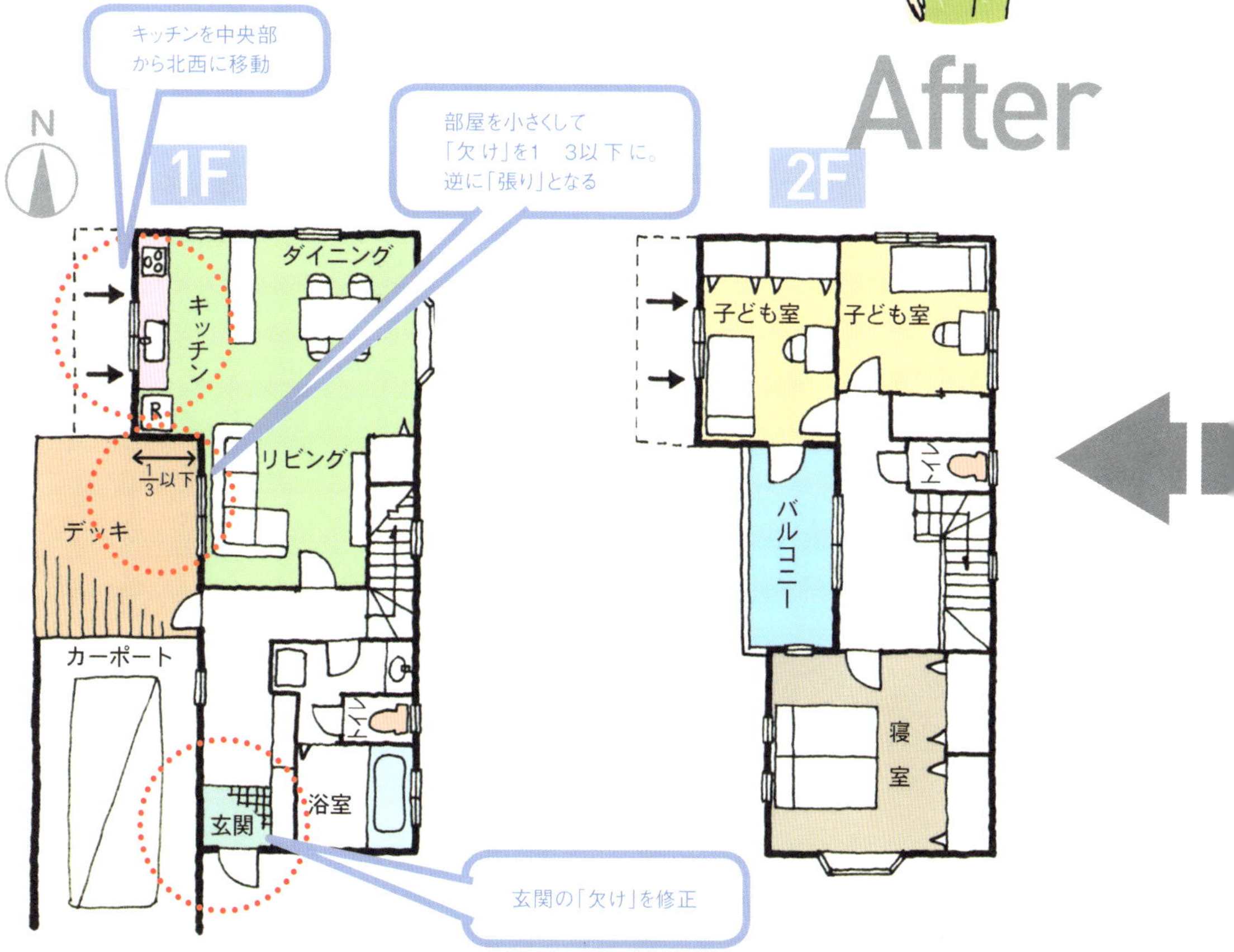

方位ワンポイント 家の中央部にキッチンがあると家族が精神的に弱くなる

キッチンはガスレンジや給湯器など火気があり、シンクや浄化槽など水回りもある不浄物の集まり。そのキッチンが家の中央部にあったのでは、まさに凶相。家相からの影響は体調に出やすくなります。肝臓や心臓を悪くしたり、場合によっては脳や神経、胃腸を悪くするなど自分の弱いところに出がち。気持ちも弱くなり、逆境などに立ち向かう姿勢も持てなくなってしまうのです。

お悩み 6

体の弱い妻を健康にしたい

この家に住んでいる妻の体調がすぐれないと聞き、ピンときました。
トイレとガスレンジの位置に問題があったのです。

Before

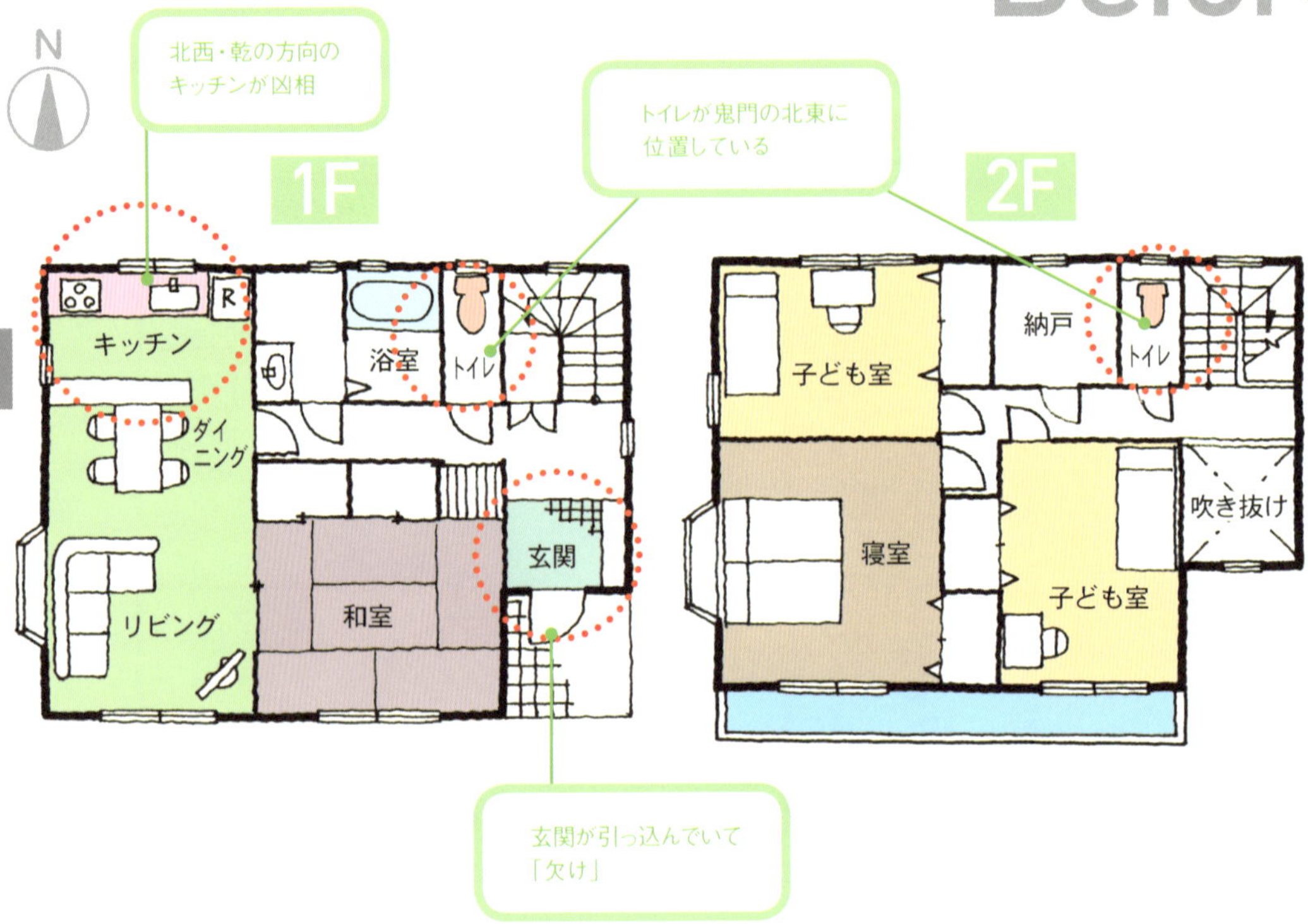

キッチンとトイレの凶相は女性に大きな影響が表れる

玄関の「欠け」が気になりますが、方角はいうことなし。家全体もきれいな形をしていて、一見、問題なさそうに見えます。しかし、お悩みの「妻の体が弱い」という点を裏付ける大きな要因が2つあります。

まずはキッチン。乾（北西）にある火（コンロ）がいけません。火気は人間をとても不安定な精神状態にさせます。その結果、病気にかかりやすくなるのです。

もうひとつはトイレ。北東の表鬼門に位置するだけでなく、1階、2階とも同じ場所にあります。トイレの方角が悪いと、健康面に大きな影響が出がちです。特に女性の場合は、婦人科系の病気にかかりやすくなります。火とトイレの方位は、女性に影響する場合が多いのです。

まず、玄関を南にずらし四角い家にします。そして玄関を入ってすぐにトイレを移動します。2階も吹き抜けを南側へ移動し、1階と同じ位置にトイレを配します。

キッチンは対面式にし、壁側を収納スペースにすることもプラスですが、何より火気の位置を変えることで妻の健康を保てます。

ガスレンジが凶相位置だと 妻の健康を直撃

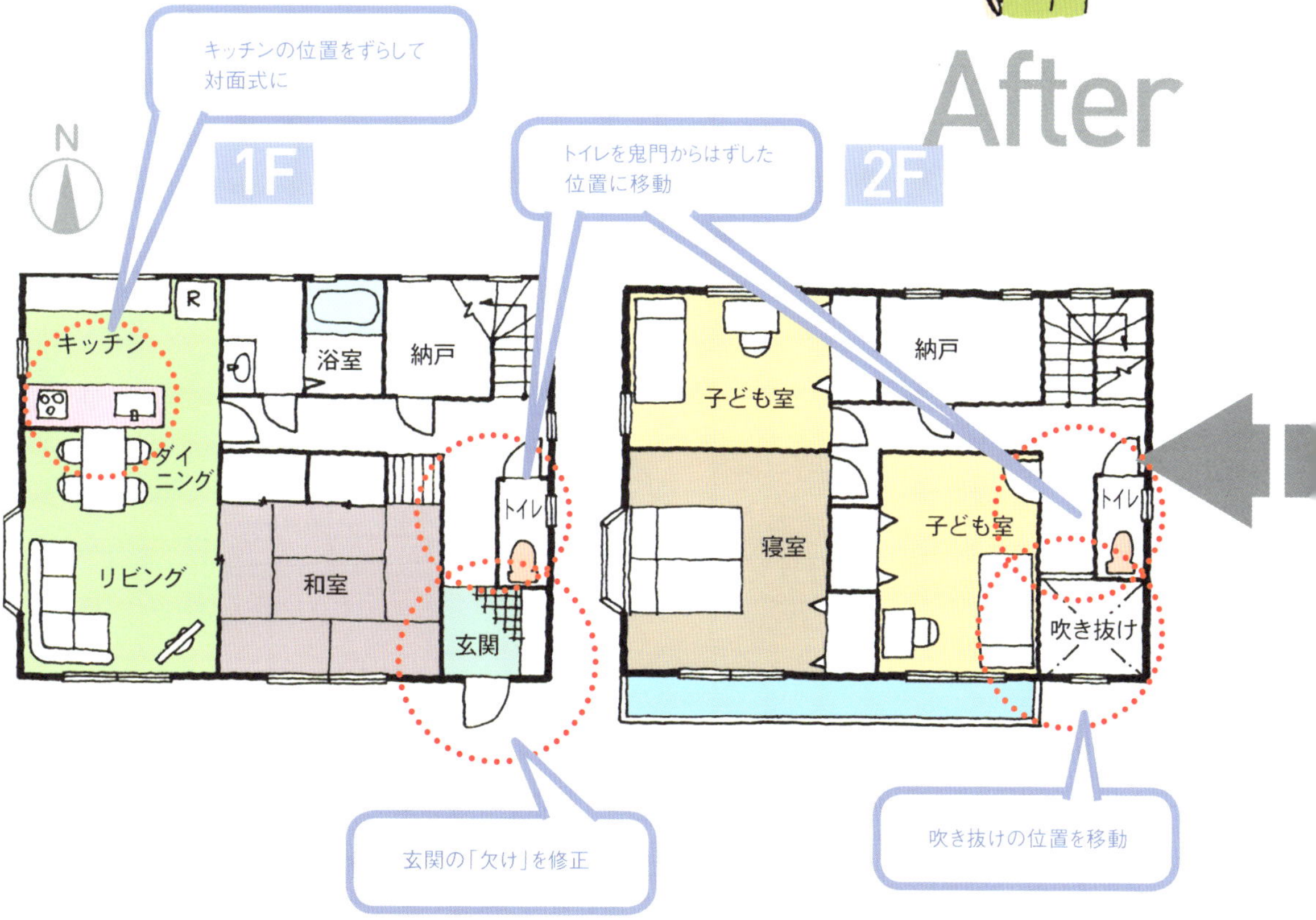

方位ワンポイント 北東の表鬼門にトイレがあると婦人科系にも影響

家相の悪い家に住んでいる人から、病院に通院するほどでもないけれど、疲労感が抜けなくて、なんとなく体調が悪いという話をよく聞きます。特にトイレといった水回りが鬼門にあると、妻の場合、婦人科系に影響が出ることも多くなります。体の不調がイライラにつながり、精神的に不安定になる場合も多いです。子宝にも恵まれにくくなってしまうことも多々あります。

お悩み 7

明朗でのびのびとした子に育てたい

子どもは子どもらしくのびのび育てたい。そう思っても、子ども室の方位を間違えると元気のない子どもになってしまいます。

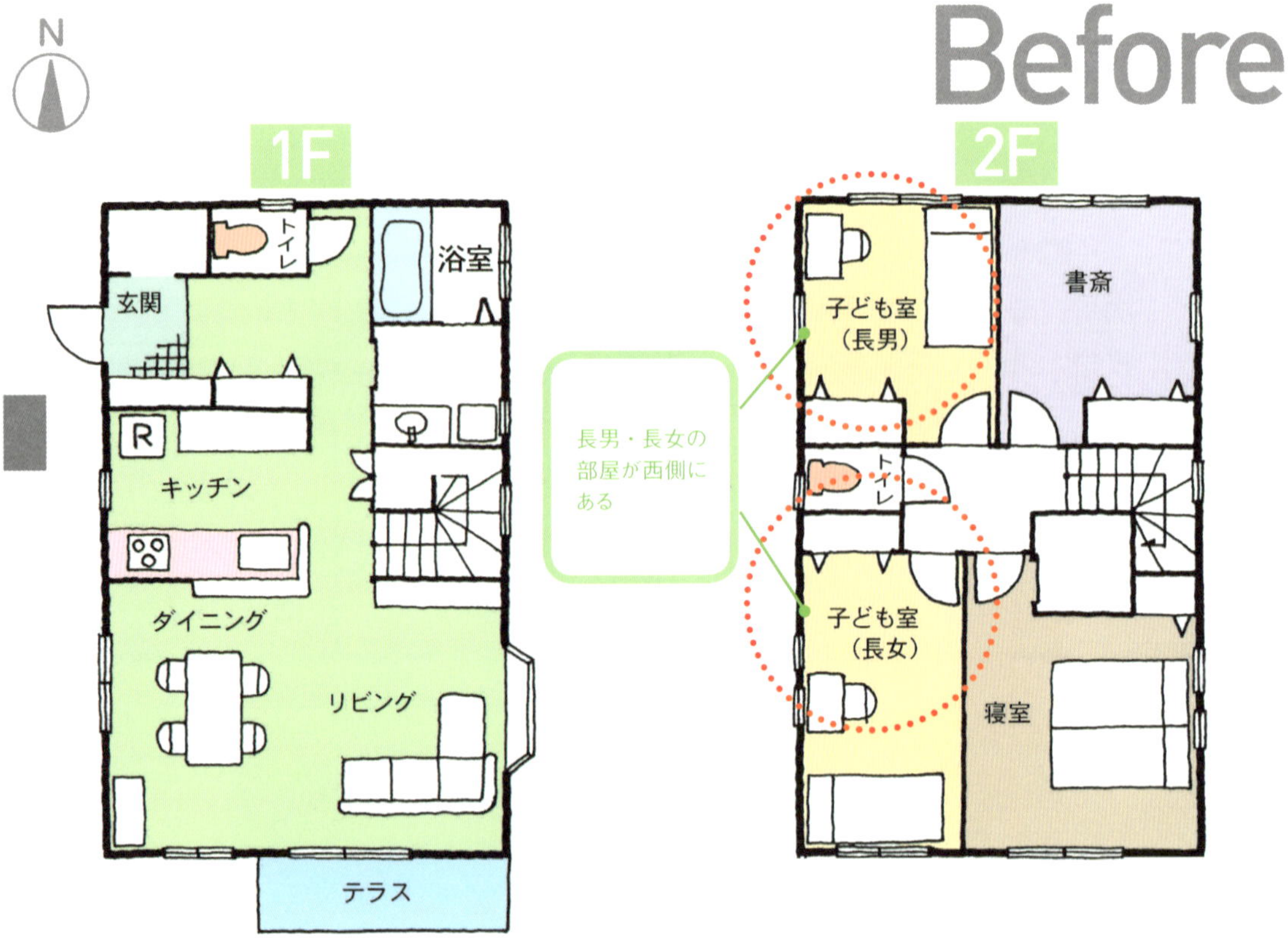

長男は東、長女は東南。それぞれに合った方位を選ぶ

子どもは敏感に方位の影響を受けますから、子ども室の方位は正しく見極める必要があります。間取りの関係上、吉方位の影響を受けることが難しい場合も、マイナス効果が発生するような方位だけは避けることを心がけましょう。

基本的に子ども室の家相として問題がないのは、新鮮なパワーがある東や東南です。というのも、子どもは体内時計を正しく働かせるために朝陽を浴びて起きることが必要なため、夜は早く寝ることが大切です。ところが部屋が西側にあると、朝陽が浴びられず朝はなかなか起きない子どもになってしまいます。

この家の場合は、西側に子ども室を設けているのが間違い。2階は東西の部屋を入れ替え、西側に書斎と主寝室、東側を子ども室にします。太陽が昇る方向で、将来の期待を象徴するとされる東は長男の部屋。東のエネルギーを吸収して、健康的でのびのびした子どもに成長します。東南は長女の部屋に。南の暖かい陽射しを受けて明るく活発な子どもに育ちます。

東は長男、東南は長女。明朗でのびのびと育ちます

After

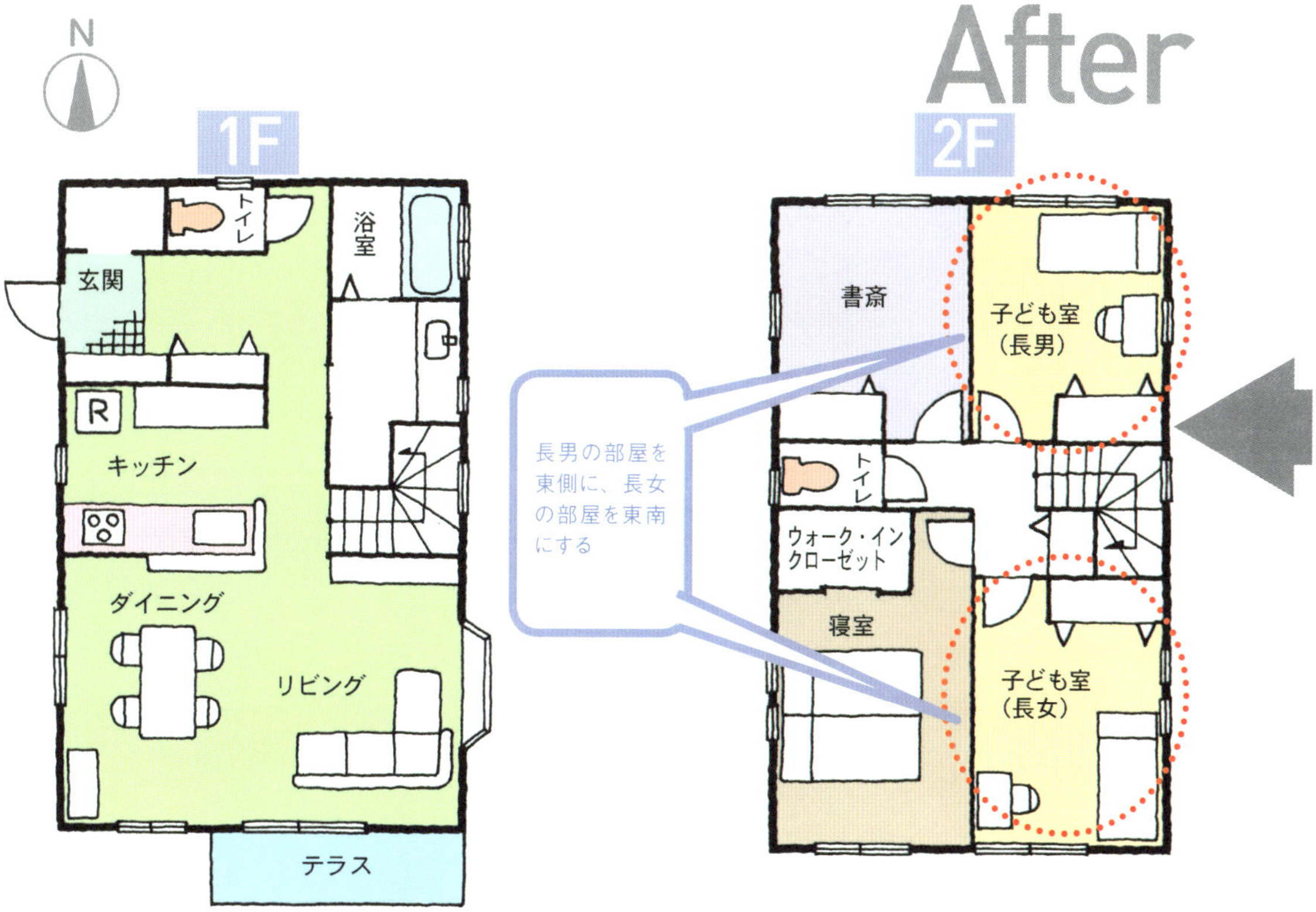

方位ワンポイント　子ども部屋を西側に置くとキレる子どもに

子ども室を西側に置くと、朝陽を浴びられず、寝坊をし、またその結果、夜も遅くまで起きているという生活サイクルになってしまいます。それでも眠い目をこすって学校に行くのでは、当然キレやすい子どもになってしまいます。明朗とは正反対です。子どもはやはり朝、陽の光を浴びて起きる生活が一番。長男を家族定位でもある東へ、長女を家族定位である東南に配置し、吉相となります。

お悩み 8

子どもの学力を伸ばしたい

努力してもなかなか成績があがらない。
そんな子どもの悩みの理由はベッドと机の向きにあったのです。

Before

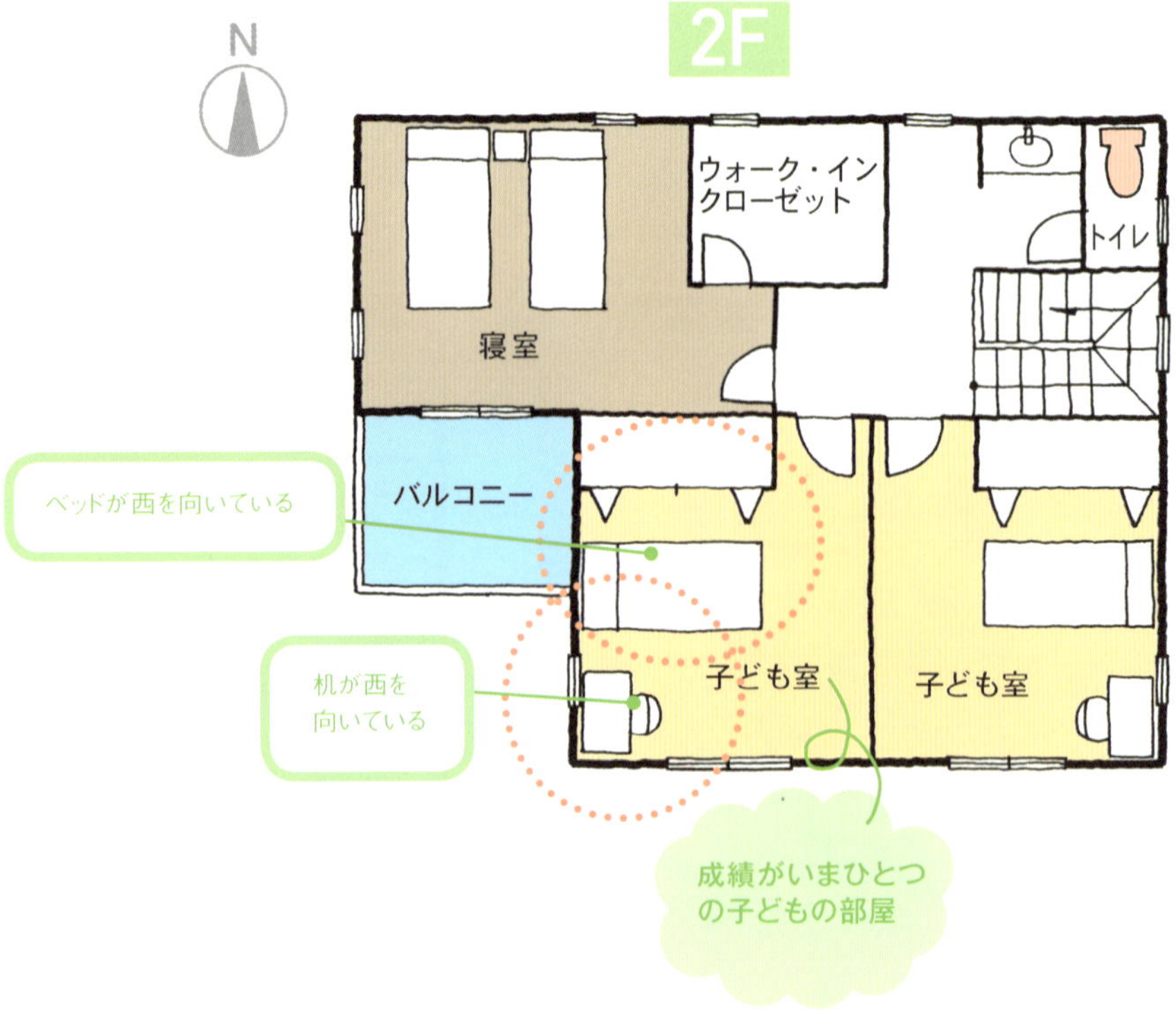

北枕は問題なし。集中力が増して成績アップ

東西方向に対称に並ぶ子ども室。子どもの人数が少なくなり、かつてのような長男優先という考えが少なくなったため、このように均等に振り分けられた間取りの子ども部屋をよく見かけます。部屋の大きさも収納スペースもまったく同じ子ども室ですが、この依頼主の場合、西側の部屋の子どもの成績がいまひとつなのだそうです。

一見、2つの子ども室は違いがない様に見えますが、家相の観点からすると大きな違いがあるのです。西側の子ども室では、ベッドの向きと机の向きが凶相なのです。

ベッドの配置をかえて北枕にすることで、眠りの質が上がります。南北には磁力線が走っているので、この方向に沿って寝ることで精神的に落ち着き、頭の働きが活発になり成績もアップするはずです。

更に、西に向いていた机を東に向けることで勉強の集中力もアップ。努力した分だけ成績も上がります。

北枕と東枕は吉相。机の向きも北か東に向けると努力が報われます

After

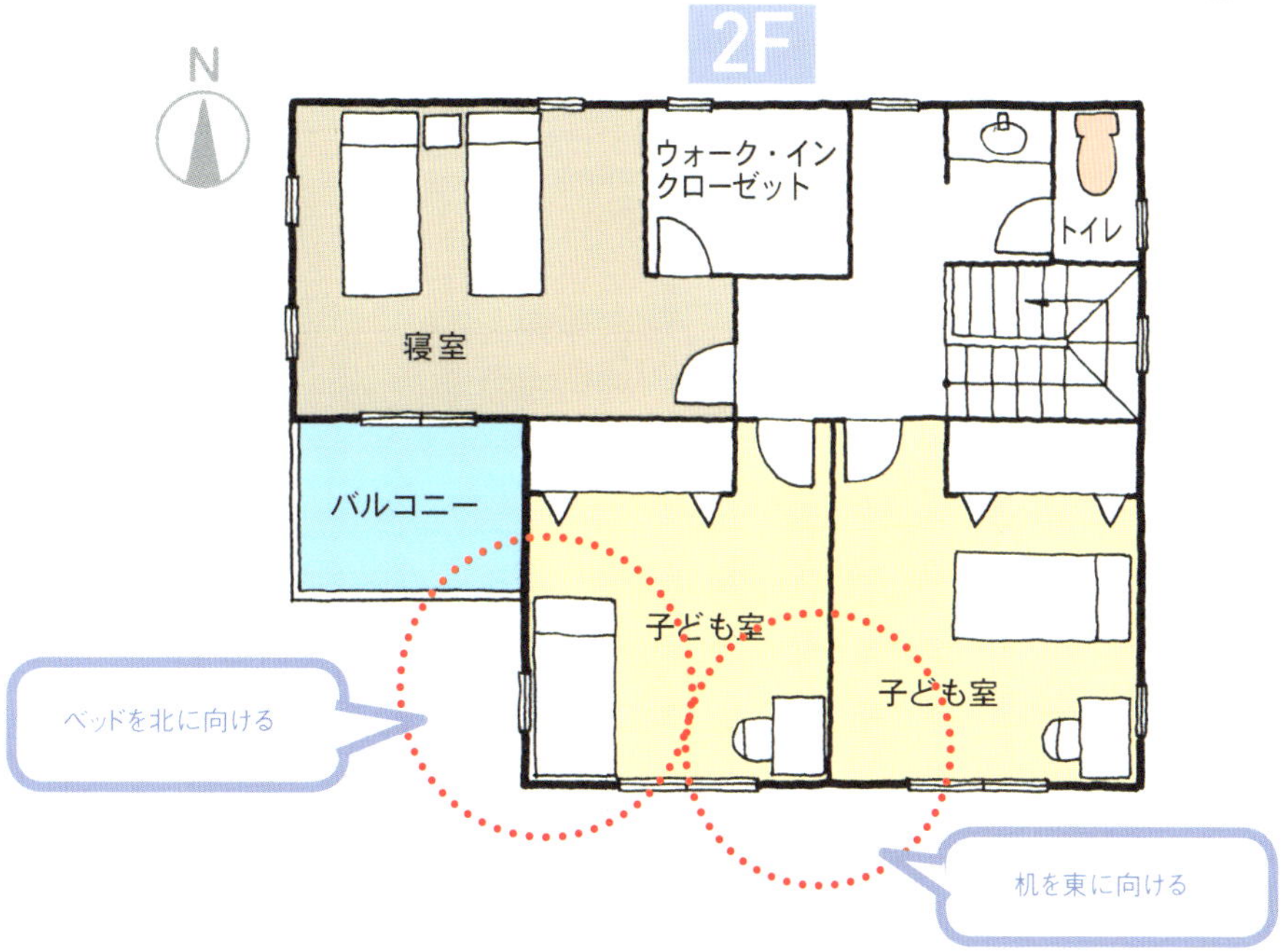

方位ワンポイント 西枕の子どもは成績がよくない

九方位のなかでも、北はもっとも神聖な方角であり、方角の起点ともいえるもの。そもそも地球は南北に磁北線が走っているので、そのラインに沿って寝るのが、もっとも安眠ができるといわれているほどです。また、東も太陽が昇る方角なので吉相。朝起きたとき頭がクリアになります。特に伸び盛りの子どもは、ベッドを西や南に向けないこと。北か東に向けるのが吉相。

お悩み
9

ぜんそくの子どもを健康に育てたい

体の弱い子どもが南西の部屋を使っていては、なかなか体調はよくなりません。
方位や風通しを考えて、健康に良い部屋で過ごさせてあげましょう。

Before

子どもの体質に合わせた方位選びと風通しを良さがポイント

同じ両親から生まれても子どもによって性格や体質も違います。子どもの部屋割りを決める時は、その子どもの体質に合わせた方位を選び、健やかに育つよう吉相の部屋にしましょう。

方位とともに大切なのが風通しの良さ。窓が2方向にあり、季節を問わず新鮮な空気が部屋の中に流れる角部屋が理想的です。さらに、窓の取り方にも注意が必要。空気の対流がいい縦長の窓を選ぶことも重要なポイントです。

この家は東南と南西に子ども室があり、生まれつきぜんそく気味の子どもの部屋を南西の鬼門にあてているため、なかなか健康を取り戻すことができません。二人の子どもの部屋を交換し、ぜんそくの子どもは南東に移動することが解決への一歩となるはずです。

また、朝起きたときや夜寝るときは窓を開け、部屋の空気を入れ替えることを心がけると、より方位のパワーを受けることができます。明るく風通しの良い部屋は、健康につながるのです。

子どもの体質にあった部屋選びも大切。
優先順位を考えよう

After

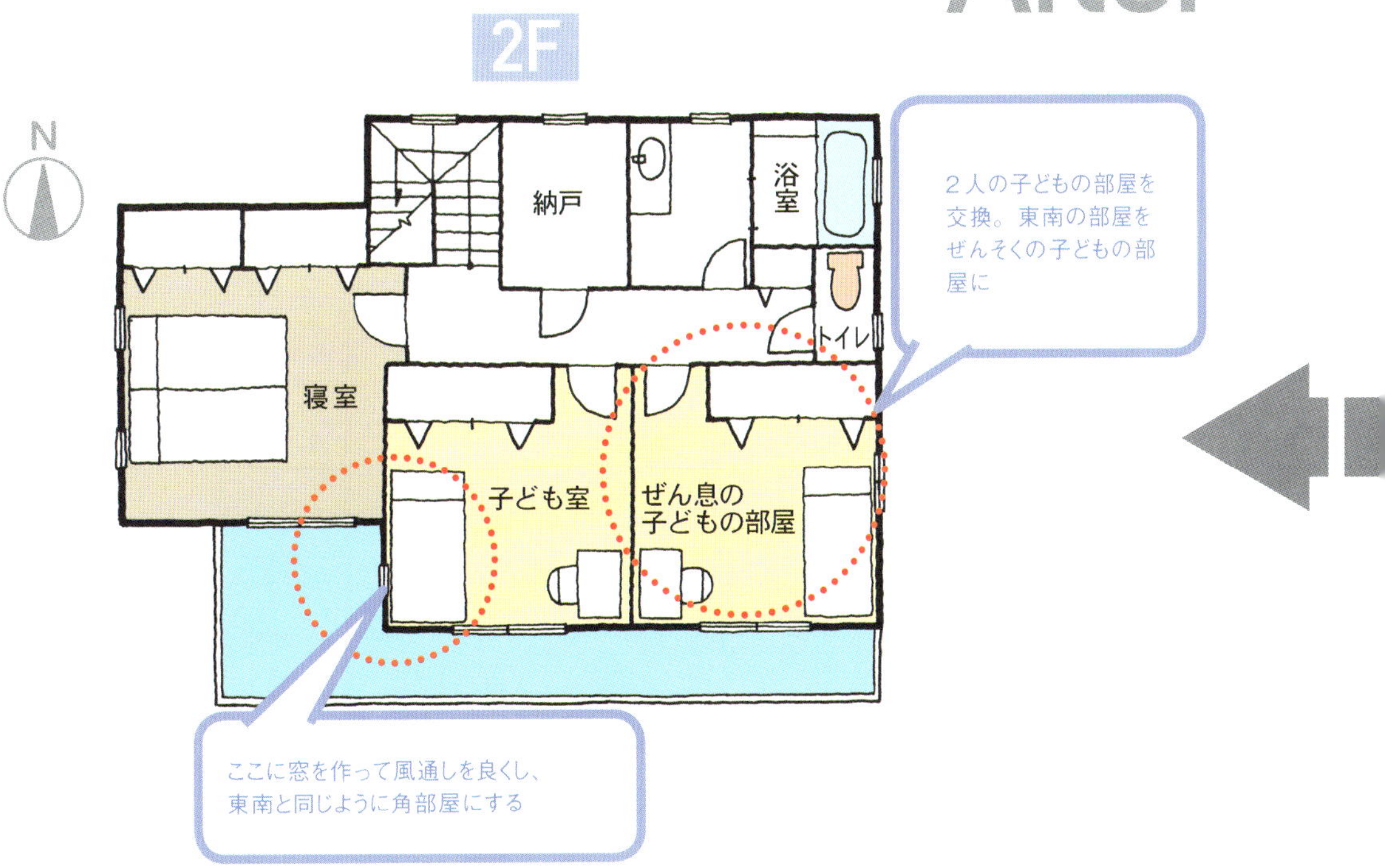
2F
N
納戸
浴室
トイレ
寝室
子ども室
ぜん息の
子どもの部屋
2人の子どもの部屋を
交換。東南の部屋を
ぜんそくの子どもの部
屋に
ここに窓を作って風通しを良くし、
東南と同じように角部屋にする

方位 ワンポイント

生まれつき弱い子は部屋割りを優先する

部屋の位置としては、長男は東方位、長女は東南方位が基本ですが、風通しの良い角部屋を利用することも大切。北東や南西の鬼門に子ども部屋を取る時には、二面に窓を取って通風の良い部屋にしましょう。

お悩み 10

仕事が安定し、地位を上げたい

ビルトインの車庫は仕事運も健康運も下げる凶相。
車を持たない生活を考えることで、立て直しを。

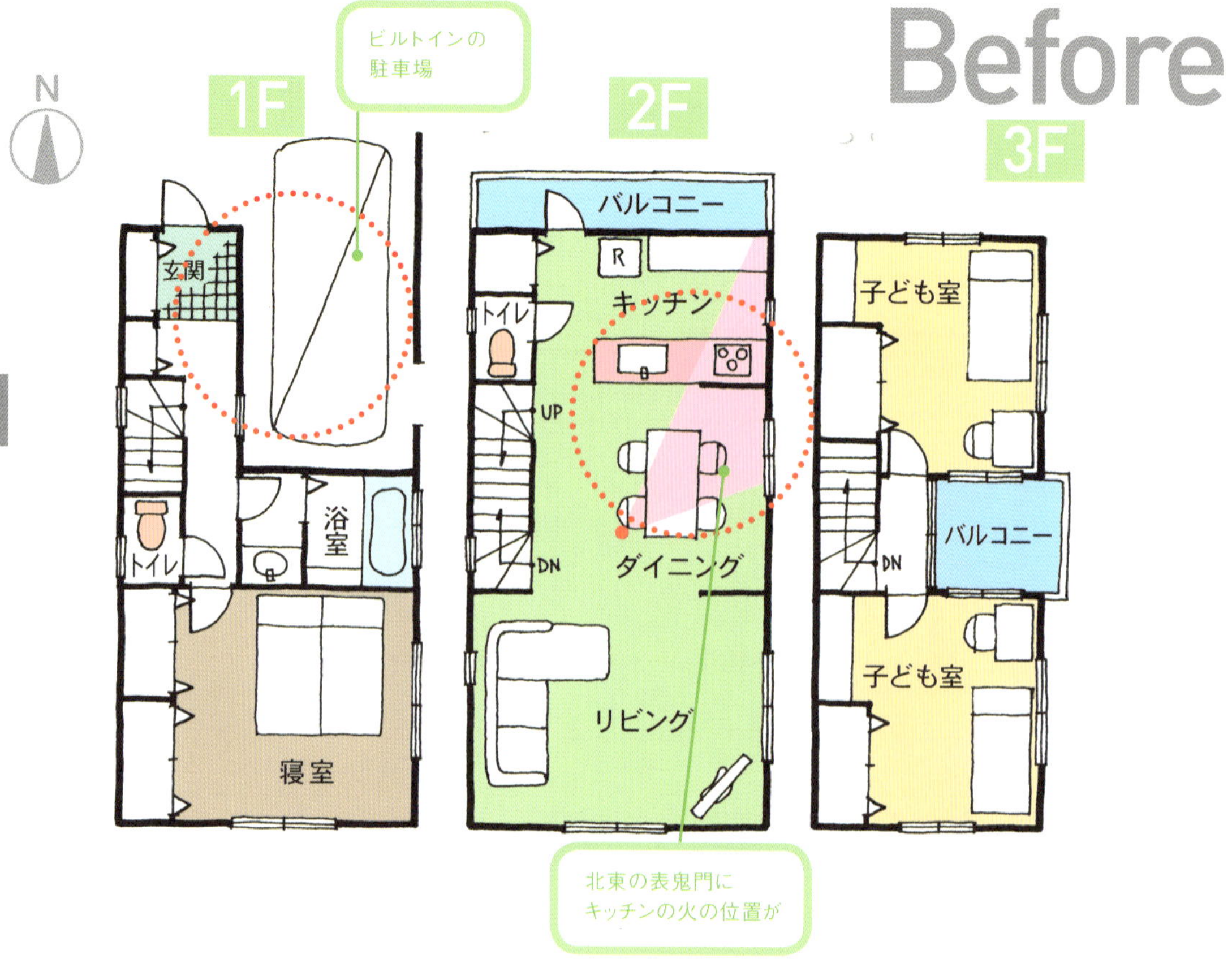

ビルトイン駐車場の大きな欠けが凶相の原因

最大の問題点はビルトインの駐車場です。敷地が20坪しかなく間口も狭い小さな家なのに、シャッターもない駐車スペースをむりやり確保。車がないときも、そこが吹きさらしとなる完全な「欠け」です。

この家に営業職の会社員が入居したら、成績が下がる典型的な家相の家です。これまで順調だった取引先との仕事がうまくいかなくなる、上司にも部下にも恵まれていたのに、急にややこしい上司に変わったり、使えない部下が来るなど、負の連鎖にはまってしまいます。もうひとつ、家の中心に近く、北東の表鬼門にある火気もトラブルの原因になります。一般的に小さな家では、対面式キッチンは避けた方が無難です。

立地条件にもよりますが、一番の解決策は車を所有することをあきらめて駐車スペースを居室にし、きれいな四角形の家にすること。さらに2階の鬼門にあるキッチンは、南側へ移動し、そこはみんながくつろげる和室に。南側をダイニングとキッチン、北側をリビングにすることで、凶相を吉相に変えることができます。

便利な都心に住んでいるなら、わざわざビルトイン駐車場を作るより、車のない生活を

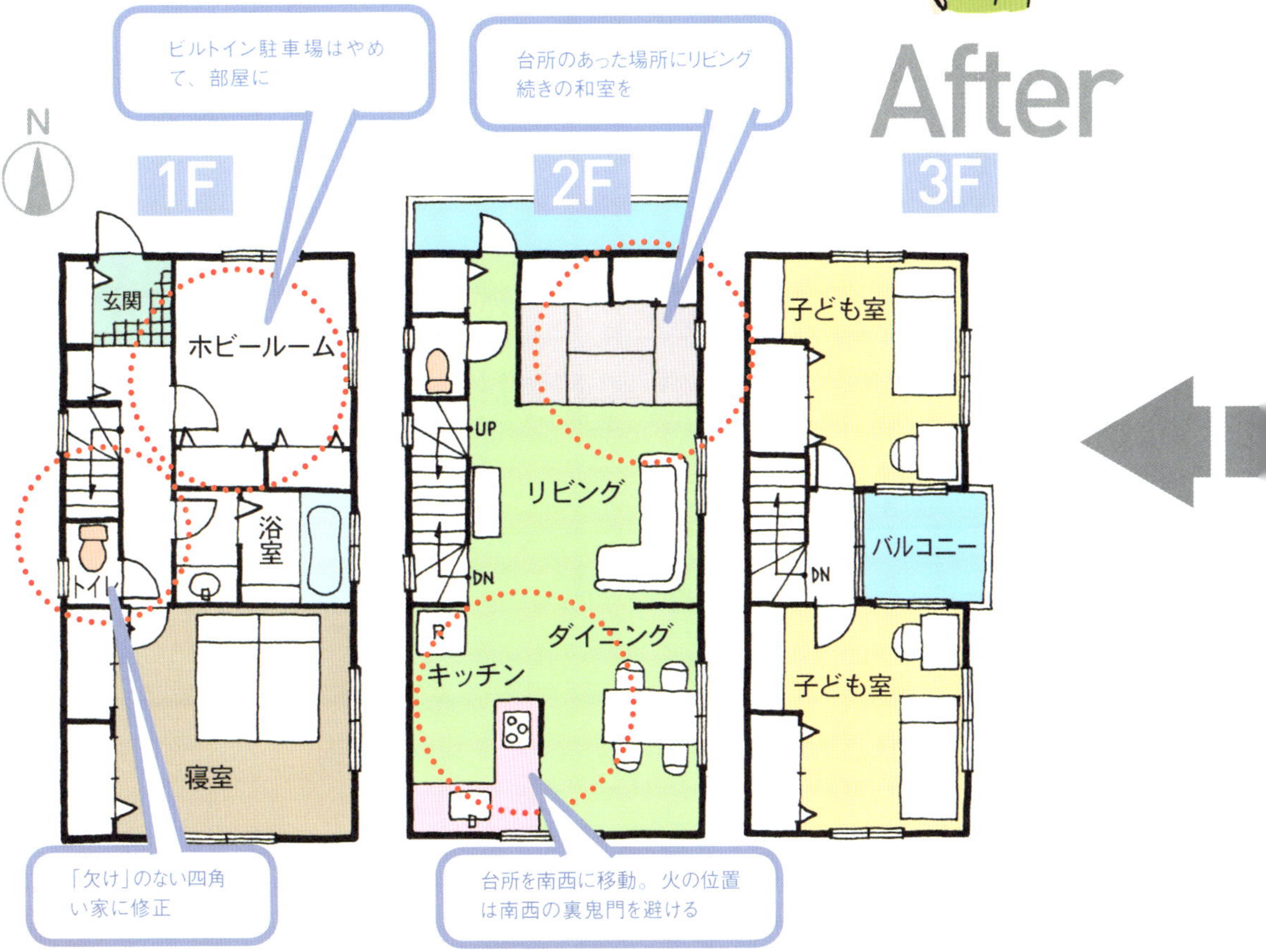

方位ワンポイント

中心と鬼門に火気があると、一家の主にダメージがかかる

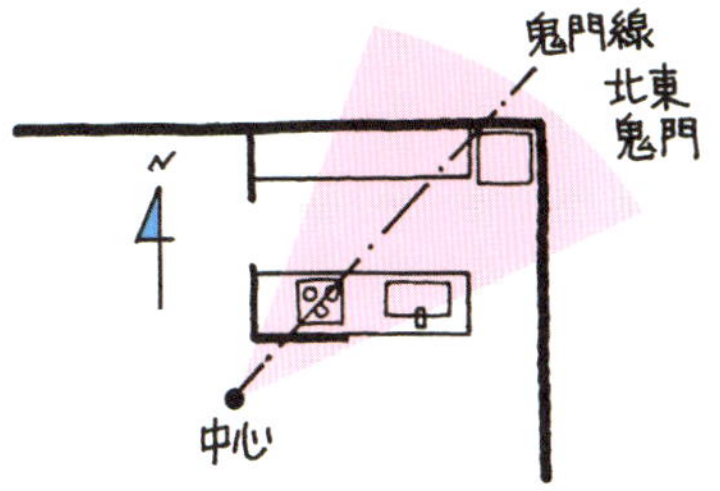

キッチンで一番気をつけるべきは、火の位置。北東、南西の鬼門に火の位置がくるのは凶相。しかも、家の中心に近い場所にあると、一家の主人の仕事運にダメージがかかるパターン。家の中心部、なおかつ、鬼門線上というダブルパンチで、今まで順調だった仕事や人間関係が次々とうまくいかなくなり、精神的にも肉体的にも衰弱します。

お悩み 11

自営業を繁盛させたい

1階よりも2階が張り出した立体的な「欠け」のある家に住むと、自営業者は最悪です。

Before

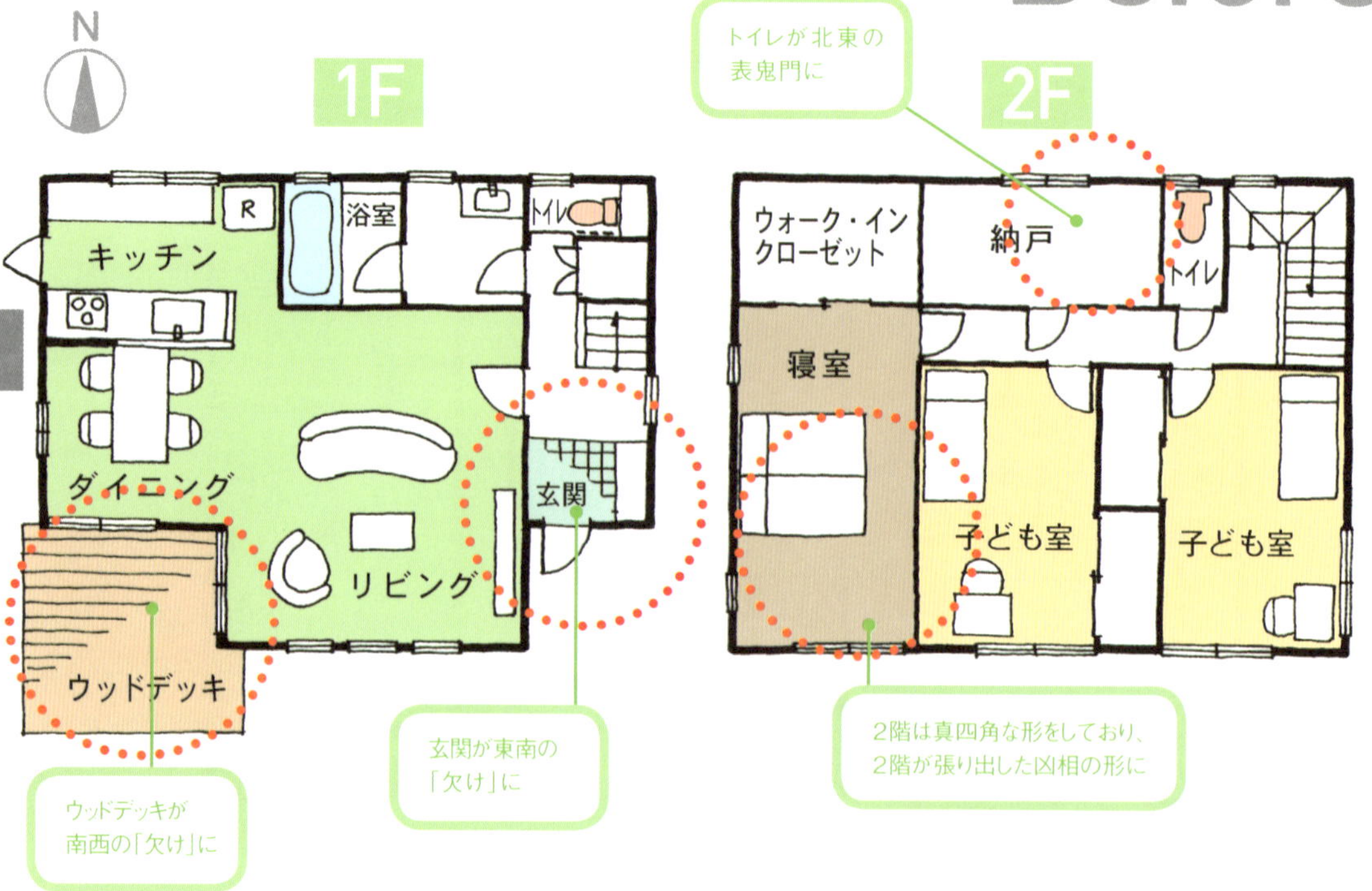

2階がせり出す立体的な「欠け」は自営業者には最悪

自営業の人にとって「欠け」はたいへんな凶相です。この家は南西と東南に「欠け」があり、特に東南の「欠け」が運勢的によくありません。信用につながる東南に「欠け」があると、自営業にとっては致命的です。

南西の「欠け」は方位が悪い上、2階の一部がはね出して立体的な「欠け」になっている大凶相なのです。2階のはり出しは倒産の家相といわれ、大きくはり出すほど凶相が強まります。自営業にとっては最も良くない大凶相の家なのです。

さらに、2階のトイレの位置もいけません。北東の鬼門に入るため、お金の問題だけでなく人間関係にも問題が生じて健康を害することになってしまいます。

1階西側を簡易的に変更するなら、サンルームにするといいでしょう。屋根のあるサンルームは建物とみなされるため、「欠け」をなくすのに有効です。東南はエントランスホールを拡張して、きれいな四角い形の家にしてください。2階のトイレは、1階のお風呂の上に乗せるようなイメージで少し西へ移動させると、格段に家相が良くなり事業が成功します。

家の構えと玄関の方位は住む人の運勢に影響します。特に立体的な「欠け」は大凶

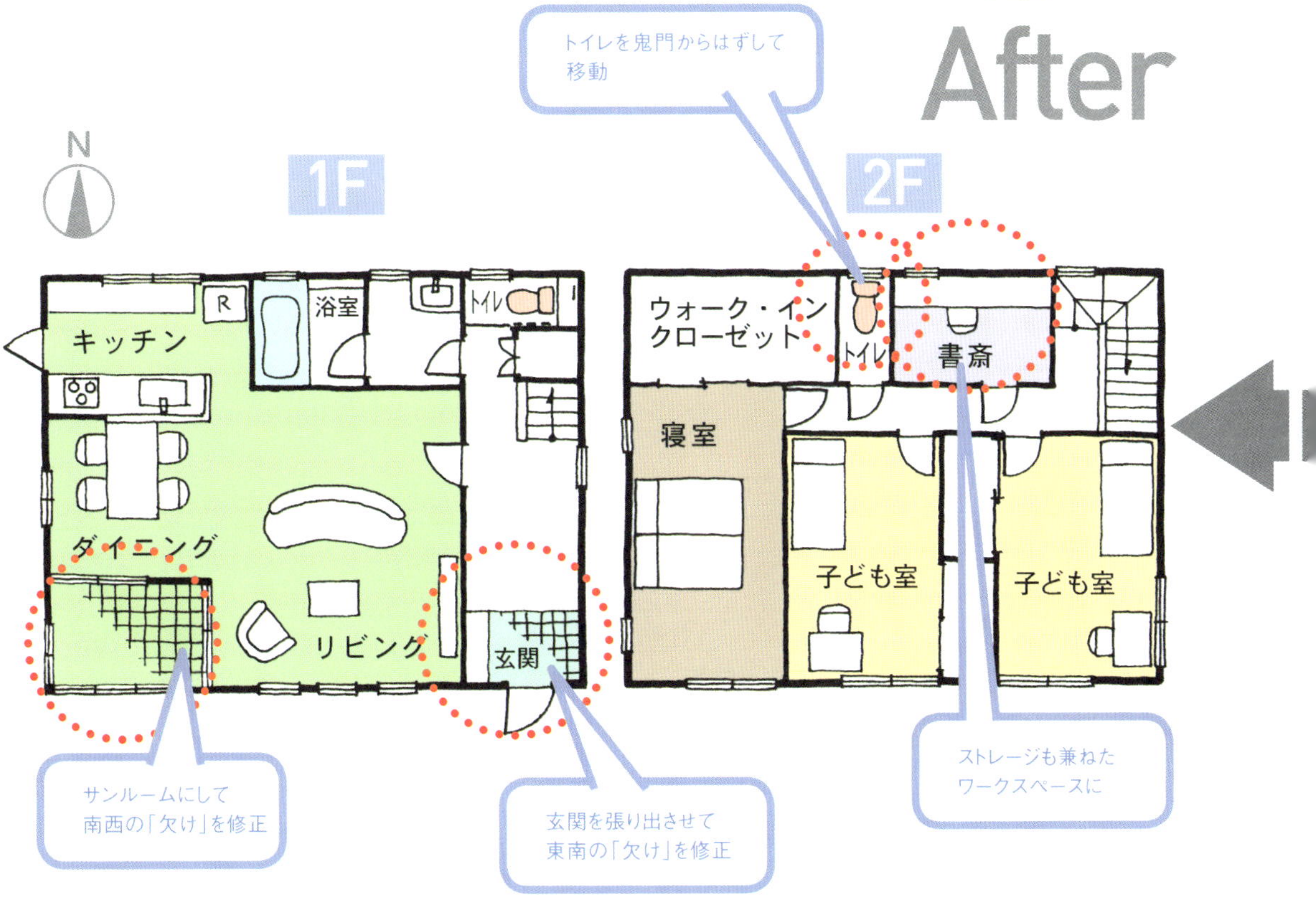

方位 ワンポイント

東西に「欠け」のある家は信用を失いがちに

東と西という太陽が昇って落ちる両方の方位が欠けている家は、太陽の動きを阻止する→自然の流れに逆らうということで、昔からそこに住む人は信頼を失うという凶相の家です。さらに、2階がせり出した立体的な「欠け」もあり、これは家が「下がる」ということで倒産の「欠け」といわれ、自営業者は絶対に避けなければなりません。立体的な「欠け」は自営業者の禁じ手です。

著者紹介

佐藤 秀海（さとう・しゅうかい）

1960年東京都生まれ。法政大学経営学部卒。家相建築設計事務所代表取締役。住宅アドバイザー（建築士・宅地建物取引主任者）。千勝神社（茨城県つくば市）では、神主としてご奉仕している。「家相に心を込めて、家を想う家相建築」を提唱、実践している。主な著書に『よい家相よい間取り』『家相こうすればよくなる』『よい家相の家づくり』（以上、主婦と生活社刊）、『家相建築のすすめ』（PHP研究所刊）、『プロのための家相マニュアル』（エクスナレッジ刊）などがある。

家相建築設計事務所　☎03-3711-8111
http://www.kaso.co.jp/

カラー版

やすらぐ家、幸せな住まいを実現！

よくわかる！
家相と間取り

2016年 4 月18日　初版第1刷発行
2021年 8 月20日　　　第4刷発行

監修　佐藤秀海
発行者　澤井聖一
発行所　株式会社エクスナレッジ
〒106-0032
東京都港区六本木7-2-26
問い合わせ先
編集　Fax:03-3403-0582
info@xknowledge.co.jp
販売　Tel:03-3403-1321
Fax:03-3403-1829

方位盤

※方位盤の使い方はp28を参照

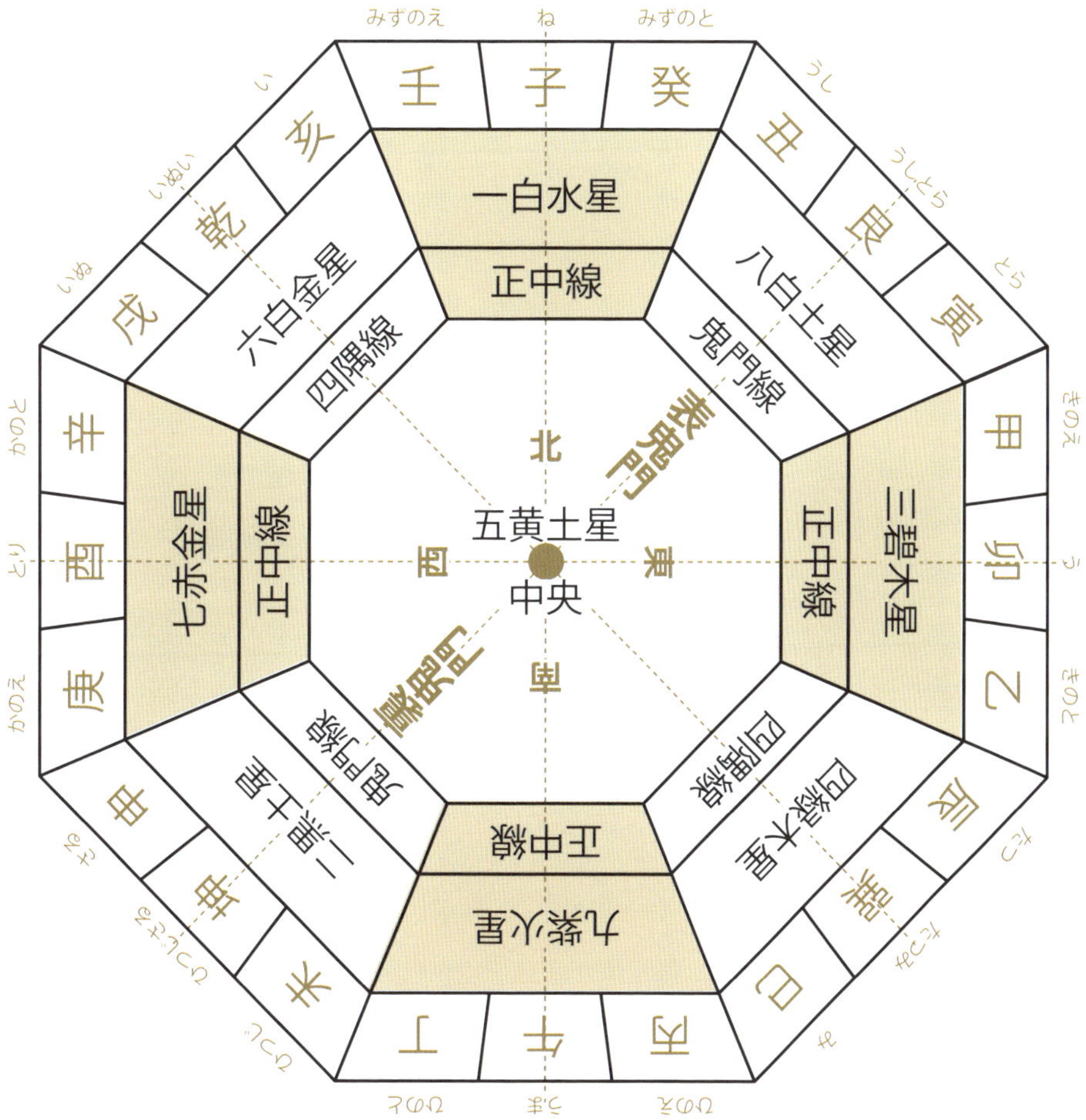

北西（六白金星）	西（七赤金星）	南西（二黒土星）	南（九紫火星）	東南（四緑木星）	東（三碧木星）	北東（八白土星）	北（一白水星）
亥（北寄り15度）	辛（北西寄り15度）	申（西寄り15度）	丁（南西寄り15度）	巳（南寄り15度）	乙（東南寄り15度）	寅（東寄り15度）	癸（北東寄り15度）
乾（中心15度）	酉（中心15度）	坤（中心15度）	午（中心15度）	巽（中心15度）	卯（中心15度）	艮（中心15度）	子（中心15度）
戌（西寄り15度）	庚（南西寄り15度）	未（南寄り15度）	丙（東南寄り15度）	辰（東寄り15度）	甲（北東寄り15度）	丑（北寄り15度）	壬（北西寄り15度）

ここから切りとってお使いください

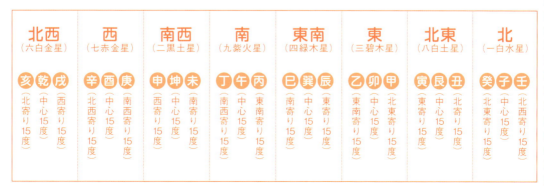